いま必要なお金のお作法

幸せを呼ぶ40のマネープラン

肉乃小路ニクヨ
経済愛好家・コラムニスト

KADOKAWA

株式や投資信託は、
決して博打《ばくち》ではありません。

一時的にはイケイケ状態や
パニック状態に陥《おちい》る市場も、
時間が経つと一定の規律や論理を
重視した動きに落ち着いていきます。
そうやって資本主義経済は
成長してきました。

資本主義の未来を信じ、
社会の変化を感じ、
この本を読んで考えながら、
お金と一緒に
私たちも成長していきましょう。

はじめに

私は、２０２３年の10月に初の著書『確実にお金を増やして、自由な私を生きる！　元外資系金融エリートが語る価値あるお金の増やし方』（KADOKAWA）を出版しました。思えばこの本を書いていた２０２３年の夏は、暑かったけど比較的平和な日々でした。

２０１６年からずっと日本銀行のマイナス金利政策が続いていて、ドル円相場は円安と言われていたものの、１米ドルが１４０円台で安定的に推移し、日経平均株価も3万2千円近辺の値動きでした。ウクライナの紛争は2年目を迎えていましたが、中東の紛争は今ほど激化していませんでしたし、能登の地震もまだ起こっていませんでした。

2024年に入って、元日から能登の地震があり、新NISAがスタートしました。それだけでなく前年の10月に起こったハマスによるイスラエルに対するテロから争いが激化し、無辜《むこ》の市民が沢山犠牲となり、中東の国々を巻き込む紛争に発展しています。ウクライナでは戦争の膠着《こうちゃく》状況が続き、事態を打開するために今度は、ウクライナがロシア領に逆に侵攻するということが起こり、混迷の度を深めています。

そんな中で3月後半に日本銀行はマイナス金利政策を解除したものの、円安が強烈に進み、7月には一時1米ドルが160円を超えました。円安で割安になった日本株を外国人投資家が積極的に買い、新NISAスタートに伴って日本人も株式を買い、日経平均株価はバブル後最高値を超え、7月には4万2000円を超す上昇となりました。

7月末、日本銀行は追加の利上げを行い、その直後に発表されたアメリカの雇用統計でネガティブな数字が出て、ずっと堅調だったアメリカ経済にかげりが見えると、日米金利差の縮小が想起されて、その週末に不安が高まります。翌週8月5日の月曜日に円高が急速に進み、日経平均株価は1987年のブラックマンデーを超える4451円安という下落をしました。そしてその翌日の火曜日、今度は3217円という史上最大の上昇をしました。まさにジェットコースターのような今までにない大きな変化が2日間で起こったのです。

さらに今年は11月にアメリカの大統領選があります。昨年よりもさらに暑い夏を迎えて農作物の状況も心配です。まだまだ一波乱、二波乱ありそうな2024年です。

私は初めての著書の中で、「これからは個人も投資をしていきましょう」ということを提唱していました。今年に入ってスタートした新ＮＩＳＡもどんどん活用すべきということも発信していました。

中には私の言葉に背中を押されて投資を開始した人もいたかと思います。特に投資を始めたばかりの初心者の方などは、２０２４年8月の初旬に起こった円相場と株式相場の急騰落を経験して、不安を感じている人も多いと思います。

「やっぱり素人は投資に向いていない」「どうして素人に博打のような投資を勧めるんだ」ということを思っている人も多いでしょう。最初の本を出して以来、実はこのような言葉を投げかけられる機会が多くありました。

でも私は素人でも投資はするべきだし、投資は正しくやれば博打ではないと考えます。２０２４年8月初旬に起こった大きな騰落を経ても、やはり、10年程度使わない余裕資金があれば、投資をしていきましょうと発信し続けるでしょう。なぜなら私は株式市場の未来、資本主義の未来を心から信じているからです。

何か大それた話になってしまいましたが、今回の為替市場や株式市場に起こった急騰落も、原因としては世界経済が順調に成長し、豊かになった人が増えて、お金のやり取りが活発になったからです。情報の伝達も速くなっているので、お金のやり取りのスピードもすごいです。さらにコンピューターやＡＩ（人工知能）が発達して、その処理能力も上がり、あっという間に取引が成立する時代になりました。だからこそ値動きも大きく、速くなってきているのです。

通常マイルドに値動きすることが多い市場ですが、一度パニックを起こすと連鎖し、大きな動きになることがあります。また、大きな動きに乗じて上がっても下がっても儲けようとする投機筋がいて、より大きな動きになってきているのも事実です。でも不思議なことに一時的にはイケイケ状態やパニック状態に陥る市場でも、時間が経つと一定の規律や論理を重視した動きに落ち着いていくことが多いのです。それが資本主義の面白いところでもあります。そうやって資本主義はどんどん成長していきました。

私に「株式や株式に投資する投資信託を勧めるのは博打を勧めるのと同じだ」と意見を言う人たちに対して、逆に質問してみたことがあります。

「あなたの子どもや孫にはどういう仕事をしてほしいですか？」と。多くの人は「大きな会社に入って安定的な暮らしをしてほしい」と答えます。「大きな会社」は私が知る限りほとんどが株式会社です。私に文句を言ってくる人の論理で行くと、博打をしている会社に子や孫を入れたがっていることになります。

繰り返しますが、株式投資は博打ではありません。広く資本を集めて投資をして、目標を達成して、投資した人や従業員たちや社会と成果を分け合う。それが株式会社の大まかな仕組みです。自己資金だけでは集められない大きな金額を集めて、投資ができるからこそ、会社が成長します。そうやって株式市場に上場した会社は大きな企業になっていきます。

人間は失敗をします。その人間たちが参加する会社や市場だって、失敗をすることもあります。だけど、必ず自浄作用が働き、再び成長を始めます。そうやって長期で見ると右肩上がりで成長していっているのが、資本主義市場であり、株式会社です。

だから市場に混乱やパニックがあった際も慌てず、長期で運用できる資金で、分散しながら運用していけば、上手くいく可能性は非常に大きいのです。

そうはいっても、株式などの資本主義市場には2024年8月初旬の大きな値動きの原因とも言われている、機関投資家やヘッジフアンドと呼ばれる運用を専門とする会社、投機的に短期の利益を狙う会社も参加しているのは事実です。そういった専門家集団で、資金力もある機関投資家や短期筋に比べたら、個人なんて資金も小さく、知識でもかなわないから、良いカモにされるだけだという意見もよく聞きます。しかし私はそうは思いません。

3カ月や1年などの一定期間で成果や結果を求められる機関投資家や短期筋に対して、個人は時間を味方に運用することができます。駄目な時には無理に売らなければ良いですし、安くなった時には時間をかけてちょこちょこ買い足して購入単価を平均化することもできます。

時間。それは人間にとって一番大事な資産であり、大きな武器です。個人投資家は余裕資金で運用すれば、この強力な武器を最大限に活かすことができるのです。だからこそ投資は余裕資金で行うことが重要です。そうやって余裕資金で市場に投資をすることで、資本主義の未来やこれからの社会の変化などを感じ、考えながら、お金と一緒に私たちも成長していくことができます。

投資をすることで、その会社の未来、社会の未来、そして自分たちの未来を考えるようになります。時間の流れが未来起点に変わるのです。

それが良いものであれ悪いものであれ、変化が起こるのは仕方がありません。太古の昔から人間社会はいつの時代も絶えず変化をしながら成長をしてきました。

インターネットが普及し、交通機関も発達し、ネット上でも、物理的にも簡単につながってしまっている現代社会では、SNSなどを通じて、小さな変化もたちまち多くの人々に広がって、大きな変化につながります。大きな変化に対応するのは文字通り大変ですが、生きている実感を私たちに教えてくれます。

この本ではそんな大変化の時代にどう対応していけば良いのかということも考えていきたいと思います。投資は未来の変化を私たちに考えさせてくれます。そして仕事を通じて、私たちは変化に対応する力を実際に身に着けていきます。大変化の時代には未来に対して、誰も完全な正解を持っていません。それでも諦めずに過去にあった出来事や現在までの経験で得られた自分の知見をつなぎ合わせて、少しでもこれから起こる変化に対応していけるかを考えたいと思います。

「チェンジにはチェンジで」

投資や仕事を通じて、未来を考えながら、変化にしなやかに対応していきましょう。大切なのは未来です。未来を考えることで過去から現在へという時間の流れから、未来のための現在という時間の流れに変わります。これが未来起点の時間の流れです。私たちは誰かを変えるなんて、大それたことはできませんが、自分でよく考えて、なりたい未来に近づくために、現在の自分を少しずつ変えることは、誰にでもできるはずです。

個人の力は小さいかもしれません。でも、なりたい未来のために自分を少しずつでも変えていけば、それに共感してくれる人が増えて、結果として大きな変化を生み出す可能性だってあるんです。

この本はそんなあなたの「未来に向けてのチェンジ」に少しでもお役立ちできるよう、お金にまつわる現状についての説明、これからの運用方法、お金をもっと稼いで良い循環を作るための働き方のコツ等を詰め込みました。あなたの背中を押すきっかけになれたら、こんなに嬉しいことはありません。

肉乃小路ニクヨ

目次

第2章

新NISAとその先を見据えたマネープラン10

第3章

上がらない給料を嘆かないためのマネープラン10

第4章

お金を安全に持ち続けるためのマネープラン10

装丁　菊池祐
本文デザイン　田中俊輔
撮影　西尾豊司（Rongress Inc.）
校正　麦秋アートセンター
編集協力　菊地優子（ホリプロ）
編集担当　今野晃子（KADOKAWA）

第1章

超円安に負けないマネープラン10

NIKUYO'S
Money Plan

マネープラン1

円安は、アメリカの金利と比べて日本の金利が低いことが原因とまずは理解する

私が２０２３年夏に前著の原稿を書いていた時の為替は、１米ドルが１４０円台でした。それが２０２４年の７月には、一時１６０円台までいきました。日本銀行の利上げなどがあり、さらに円高が進んで、２０２４年８月時点では１４０円から１５０円の間で推移しています。でも１米ドルが80円近辺だったことを知っている私の世代（アラフィフ世代）からすると、まだまだ大きな円安状態だと思っています。

為替の動きは大切です。私たちの国は資源に乏しく、また食料も大きく輸入に頼っています。ものを外国から買うためには、外貨が必要です。とりわけ交易をする上で「基軸通貨」と呼ばれている米ドルに対する円の価値の推移というのは、あらゆるものに影響を与えます。**１米ドルに対する日本円の値段が毎日ニュースで流れるのも、その動きが私たちの生活や経済に大きな影響を及ぼしているからです。**

ちなみに円高、円安という言葉をサラッとおさらいすると、１米ドル１４０円と１米ドル１６０円の場合では、１米ドルが１４０円の方が円高、１米ドルが１６０

円の方が円安となります。なぜかと言うと１０００円を米ドルに振り替えると、１米ドル１４０円の時は、７・14米ドルになり、１米ドル１６０円の時は６・25米ドルになるからです。円の価値で考えると１米ドル１４０円の時の方が高く、１６０円の時の方が安いのです。円高・円安は円の価値で考える方が、わかりやすくなります。

２０２４年は７月に、１米ドルが１６０円という水準まで円安が進みました。**大きな要因として言われているのは、アメリカの金利が高いのに対して、日本の金利は低いままであることです。**

一般的に、お金は金利の高い国に流れます。どうせお金を持つなら、持っているだけで高い利息をもらえる国の通貨を持ちたいですよね。各国間の金利差を利用して、金利の低い日本円でお金を借りて、高い金利がつく国の通貨に替えて運用する取引も膨らんでいました。このような取引を「円キャリー取引」と呼びます。

2024年の8月初旬に起こった急激な円高は、まず7月末に日本銀行が追加で金利を上げることを宣言したことに端を発します。少し後に発表されたアメリカの重要な経済指標である7月の雇用統計が悪化し、アメリカの中央銀行が、景気が悪くなるのを避けるためにかなり金利を下げるのではないかということが想起されました。そうすると日米の二国間の金利差が縮小します。すると長く日米の金利差に着目して、安心して膨らみきっていた円キャリー取引が一気に巻き戻し始めました。円で借りていたお金を返して、円キャリー取引を手じまいするという流れが起きたのです。

そうして市場は急激な円高に向かうことになりました。急激に動いたので、短期取引をしていた投資家も慌てて、ドルを売って円を買う動きになりました。このようにして為替相場が大きく動いたのです。

為替が動くと急激な円高で、日本企業の収益が悪化するのではないかという不安が起こります。輸出競争力が落ちて、円安で膨らんでいた海外の利益が縮小すると思われたからです。業績悪化懸念に嫌気がして、海外の短期的に投資をする投資家が日本株を売りました。

こうして一定以上の値下がりが起こると、自動的に売買をプログラミングされているファンドが、危機を回避するためにさらに大挙して日本株を売ったのです。急激な値動きに狼狽《ろうばい》した個人投資家も売って、日経平均株価は１９８７年のブラックマンデーを超える４４５１円もの下落をしました。

これが２０２４年８月に起こった市場の急変の大まかな内容です。

このようなことを受けて、２０２４年８月時点では、年が明けてからの中では円高の水準で動いています。しかし、コロナ禍以降続いた円安は長期のトレンドだとも言われています。

為替相場は金利だけでは動きません。その国の財政状況などの信用力や将来性、貿易などの実際のお金のやり取り（実需）の状況にも影響を受けます。**残念ながら近年、日本円は政府の財政収支の悪化や、化石燃料の輸入増加とデジタル赤字で貿易収支**

が良くないということもあり、そういった点でも円安が進んでいました。

これが今、日本で起こっている円安のカラクリです。まずは現実をしっかり把握することが、マネープランのスタートです。

NIKUYO'S
Money Plan

マネープラン2

円安のおかげで、日本企業の利益は会計上は過去最高益。でも安心してはいけない

２０２４年の７月まで起こっていた円安は、「実需」と呼ばれる実際の貿易などで円を米ドルに替えて支払っていることも影響していると言われていました。ニュースでは、産油国であるロシアによるウクライナ侵攻やイスラエルと周辺諸国との対立などで産油国が沢山ある中東情勢が不安定化し、石油や天然ガスの価格が上昇しているという話をよく耳にします。原油価格が上がれば、その分を円から決済通貨である基軸通貨の米ドルに替えるので、円売り、米ドル買いの量も多くなります。エネルギーがないと企業活動も市民活動もできないので、資源のない日本では仕方がありません。東日本大震災以降、稼働が再開されていない原子力発電所の数が多いということも、化石燃料の輸入増大に影響しています。これも円安の原因です。

また、最近は日本でもＧＡＦＡＭと呼ばれる、Google（検索やYouTube）・Amazon（ショッピングやウェブサービス）・Facebook（Instagramなども傘下に持つSNSの会社、現在の会社名はMeta Platforms,Inc）・Apple（iPhoneを製造）・Microsoft（Windowsなどのソフトウェアやウェブサービス）の企業名の頭文字をとった会社のサービスを使っている企業や個人が増えています。さらにNetflixやDisney+などの動画コンテンツのサービスにお金を払って使っている個人も多くなりました。これらのサービスはすべてアメリカの会社によるものなので、その利益も円を売って米ドルに替えられて、本国アメリカに送金されるのです。これらは「デジタル赤字」と一般的に言われています。

といっても、「日本は製造業大国で、海外輸出をしているから大丈夫。円安は日本の価格競争力が高まって、むしろ追い風では?」という意見もあるでしょう。でも実際には日本は現在、貿易赤字国です。

日本企業の多くは長引いた円高の中で、製造拠点を既に消費地に近い海外に移してしまいました。**たしかに海外子会社の利益や投資をした現地法人の利益や配当金などは出ていて、円安のおかげで会計上は過去最高の利益となっています。**そういった海外で稼いだ利益も入れた日本の経常収支は、会計上は黒字です。だけど実は**少子高齢化が進む日本に、そのお金は還流しなくなっています。**日本で投資をしても労働力不足や少子高齢化で需要が縮小しているからです。したがって、海外で稼いだ利益は円に戻されないまま、元気の良い現地でそのまま再投資をされる傾向があります。そうすると現地通貨を売って、円に替えて本国（日本）に戻すという流れが起こりにくくなってしまうのです。

このように円安でも貿易赤字という状況にあることを、自分のお金を守るためにも冷静に理解しておいてください。

NIKUYO'S
Money Plan

マネープラン3

日本よりも欧米の方が物価高騰が激しく、生活が苦しい一面も。円安をネガティブに捉えすぎない

あまり他の金融系の本では語られていない気がしますが、**円安にさらに追い打ちをかけているのが、実は2024年から始まった新NISAです。** 前著でも触れましたが、今現在大人気の投資信託に全世界株式に分散投資するもの（通称「オルカン」）や、「S&P500」という米国の代表的な株式指標に連動するように分散投資するものがあり、多くの人が利用しています。こういった**海外に投資をする株や投資信託を買うと、円を売って外貨を買うという流れになるのです。**

日本経済新聞社の記事によると、2024年1～5月の国内の投資信託運用会社などによる海外投資は、5.6兆円超の買い越しとなっています。年間で言うと13兆円くらいのペースになっていて、これも円安の大きな要因となっています。

でも円安の効果でインバウンド（訪日外国人）の人数がかなり増えて、彼らが日本で消費する時には円で買って消費するから、相殺されているんじゃないの?という意見もありますが、国土交通省の発表した訪日外国人消費動向調査によると、2024年1～3月期が1兆7505億円。より観光に適した4～6月期が2兆1370億円です。今後の伸びを含めても２０２４年は年間約８兆円といったところでしょうか。大きく伸びてはいますが、年間13兆円もの海外投資額や、そのほかの様々な円安要因に比べると小さな金額といえます。

コロナ禍が明けて、ロシアのウクライナ侵攻が始まった２０２２年に、日本でもインフレ（物価上昇）が始まったと言われていますが、欧米などと比べると割と抑えられてきました。このことは円高要因だと私は考えます。普通に考えるとインフレが起こるとその国の通貨の価値は下がります。たとえば１米ドルで買えたリンゴが２米ドルになるということは、１米ドルの価値は下がっているということですよね。だって１米ドルでリンゴ１個買えていたのに、それが買えなくなったというのは１米ドルの価値が下がったからです。

だから他の円安条件を考慮しなければ、インフレがキツい国の通貨の方が通貨の価値が低くなるはずなんです。ＩＭＦ（国際通貨基金）のデータによると、ウクライナ侵攻が起こった2022年、アメリカでは年率7・99%の物価上昇、ドイツでは年率8・67%の物価上昇がありました。それに対して日本の2022年の物価上昇は、2・50%でした。そういった意味では**欧米諸国に比べインフレ率（物価上昇率）が抑制されていた日本円は、価値が守られているはずです。**インフレに伴い欧米の金利が急激に上がったから円安になった、ということも言われていますが、このインフレ率の差異についてもあまり語られていないので、ここに書いておきます。

ここまで円安要因と円高要因を説明してきました。これらの要因の綱引きで為替は変動します。為替は変動しますが、どちらにしても、日本の現状を悲観的に捉えすぎる必要はないのです。

NIKUYO'S
Money Plan

マネープラン4

円安であれ、円高であれ
良い面もあれば、悪い面もある。
メリットを最大化し
デメリットを最小化する選択を

日本円が流通する日本で暮らしていく私たちにとって、円高と円安はどちらが良いの?という疑問が湧いてきた人もいると思います。なぜそういう疑問が出てきてしまうかというと、テレビのニュースでは円安になると、円安は悪いと報道し、物価の上昇を心配する声を流します。また円高になると、株価が下がったり、輸出が振るわなくなったりというニュースを流します。

2024年の8月初旬に起こった急激な円高の進捗も、金融の正常化をアナウンスしただけの日本銀行の植田和男総裁を責めて、「植田ショック」と呼んでいました。たしかに植田総裁は市場との対話が不足していて、若干金利の引き上げ宣言は唐突な点はあったものの、個人的にはそんなに間違ったことはしていないと思います。

さて、**ここで円高と円安のメリットデメリットを整理したいと思います。**

【円高のメリット】

個人↓輸入品が安く買える・海外旅行も安く済む
海外資産（株・債券）を安く買える

企業↓輸入コストが安くなり、輸入産業の利益が増える
海外からの部品購入原価が下がる
海外の会社を安く買収するチャンスが増える

【円高のデメリット】

個人↓海外資産に投資している場合、資産価値や利益が下がってしまう（日本円換算で）

企業↓日本の輸出製品額が高くなり、海外で売れにくくなってしまう
日本での生産コストが上がり、産業の空洞化が起こる

【円安のメリット】

個人↓既に保有している株・債券などの海外資産の価値が上がる

企業↓海外で日本製品の価格競争力が上がり、輸出産業の利益が増加する
観光客増を見込める

【円安のデメリット】

個人↓輸入価格が上がり、物価の上昇につながる
海外資産（株・債券）を買う費用が高くなる
原油などのエネルギー資源が値上がりする
海外旅行が高くなる

企業↓輸入のコストが高くなって、輸入産業の利益が減る
輸出産業の部品購入原価が上がる
海外進出のコストが上がり、進出しづらくなる

直近では欧米諸国との金利差縮小で円高に傾いているものの、実需などでは根強い長期的な円安トレンドがあります。世界中での政情不安などもあり、この先、正直どうなるのかわかりません。個人や企業にできることは**どのような状況下でもメリットを最大化し、デメリットを最小化する選択をすることにつきるでしょう。**

NIKUYO'S
Money Plan

マネープラン**5**

今後も円安・円高を繰り返す場合はGPIFのポートフォリオを参考にするのがベスト

ここまでお話ししてきた、今の日本の不安定な経済状況の中で、投資でお金を増やし、資産を守っていくのはとても難しいですよね。私もそう思います。

ここからは、今後考えられる3つのシナリオごとに、どういった投資をしていけば良いか考えていきたいと思います。

【シナリオ1】
今までと同じように、状況によって円高・円安を繰り返す

3つのシナリオの中で一番現実的なシナリオだと思います。まずは、このような時代、投資初心者さんは私の前著でも書いた「長期投資のお手本はGPIF（年金積立金管理運用独立行政法人）のポートフォリオ（資産構成）」という話を思い出してください。円高・円安を繰り返すというシナリオの中では、GPIFが考え出したポートフォリオの絶妙さが味わいを増します。

私たちの大切な年金を運用するＧＰＩＦの資産構成は国内株式25％、国内債券25％、海外株式25％、海外債券25％という割合です。この割合を一定に保てるように「リバランス」と呼ばれる調整をしながら運用をしています。リバランスとは、たとえば円安になって海外の資産の評価額が高くなり比率が上がったら売って、安くなっている国内資産を買って比率を高めてくれたり、円高になって海外の資産の評価額が下がったら、価格の上がった国内資産を売って、安くなった海外資産を買い足してくれる調整機能です。

リスクを分散しながら、比較的堅実に運用をすることができます。また、**一般的には債券と株式は逆の値動きをすると言われています。株式の下落局面には債券が補い、債券の下落局面には株式が補います。**なぜかというと景気が良いときは企業活動が活発になるので株価が上昇し、利益を得ようとする投資家の資金が株式市場に集まる傾向があるからです。それに対して債券市場は景気上昇時には金融引き締めが行われるため、債券価格が下落する傾向にあります。しかし、景気が悪くなって株式相場が下落し始めると、金融緩和が実施され、投資家たちのリスク選好度（リスクのある商品を好んで買う度合い）も下がることから、債券市場が活発になり株価は下がって債券価格は上昇するのです。そういう点から考えても、ＧＰＩＦの資産構成割合はまったくもってどのような環境にも耐えられる、よく考えられたものだなと思います。

残る２つのシナリオと、どういった投資をしていけばいいのかについては、この後お話ししていきます。

NIKUYO'S
Money Plan

マネープラン6

円安トレンドが続くと考えるなら、
新ＮＩＳＡはもちろん、
その枠外でも海外投資へ。
米国債券や
米ドル定期預金の金利も魅力

【シナリオ2】
日本はこのまま復活しないので、円安トレンドが続く

このシナリオは悲しいですが、あり得る話です。こういったシナリオを予想している場合は、**今大人気になっている全世界の株式に分散して投資するオルカンや、アメリカのS&P500に連動する投資信託に投資するというのが一番良いでしょう。既にやっている人は続けて、なんだったら新NISA枠外でも買い足して、全力で資産を海外に退避させて必要な分を円に戻すというやり方が良いと思います。**

世界経済は今後も大きな戦争でも起きない限り、成長は続くでしょうし、しばらくは人口も増えていきます。局地的な戦争は続くとは思いますが、戦争は大規模な消費活動でもあるので、むしろ自国から遠い所で起こる場合は、経済的にはプラスに作用します。アメリカも今のところは移民の流入で人口が増え続けています。ハリスさんが大統領になれば、おおむねバイデンさんの路線を継承すると思うので、今

年度までと大きな変化はないと思います。しかし大統領が代わってトランプさんになると、製造業の国内回帰のため、公約として通貨安を誘導するような政策を宣言しています。と言いながら、トランプさんは移民の規制や輸入品の関税というインフレを誘発する公約もしています。移民を規制すると、人手不足で人件費が高騰し、結果的に物価が上がります。また輸入品に関税がかかると、直接的に輸入品の値段が上がり、物価の上昇になります。このような物価の上昇を抑えるためには、金利を上げざるを得なくなります。そうすると通貨安どころか、また通貨高になりそうです。まさにしっちゃかめっちゃかです。

もしトランプさんの通貨安定策が実行されたら、円高米ドル安になって、米ドル建て資産の目減り（円換算での目減り）ということも考えられそうです。そう考えると円安で海外投資をするにしても、アメリカ偏重には気を付けた方がいいかもしれません。アメリカ株に偏りが大きいオルカンやS&P500だけよりも、もう少しアメリカ以外の国や新興国に投資するファンドの比率を高めると良いと思います。

また、**アメリカの金利が現状は高いので、シンプルに企業業績や景気にあまり影響されない、米国債券もしくは米ドル定期預金や米ドルのＭＭＦでの運用も良いと思います。**債券は満期まで持てば、その発行体（債券を発行する会社や組織）が潰れていない限り、利息がきっちりともらえます。米ドル建てでは設定している定期預金やＭＭＦも、預け入れている金融機関が潰れない限りは必ず利息がもらえます。確認してみると、２０２４年８月現在、年４～５％以上の金利がつくものが結構あるので、外国資産のすべてを株式で持つということに抵抗がある人は考えても良いのではないかと思います。

NIKUYO'S
Money Plan

マネープラン7

日本の復活を願い、新たに投資する分はすべて国内株式と、国内株式の投資信託に

【シナリオ3】
日本は復活して円高のトレンドが続く

一番考えられないと思われがちなシナリオですが、私はこれを一番願っています。こうなってほしいシナリオです。私は子どもがいないので、そんなに大きな財産を残さなくて良いし、自分一人が食べていける分はもう稼いだし、大金持ちになりたいという欲もあまりないので、集めたお金は日本に投資したいという気持ちが最近大きくなってきました。1970年代から育ててもらった日本という国に非常に感謝しています。

世界中の同年代で比較すると、国際的にも良い教育を受けさせてもらえて、栄養状態も良く（私と同世代は体格が無駄に良いように思えます）、世界中の美味しいものを割と安価に食べることができました。また教育でも、個人的には自由な発想を許してくれる国で育ってきたという実感があります。就職時期に一時的に厳しい時代もありましたが（私は就職氷河期世代です）、経済が盛り返してくると、私も派遣社員から正社員として職に就くことができました。少しお金に余裕ができた30代以降は円高だったことが多かったので、海外にも行きやすく、いろいろな国を気楽に旅することができて、見聞を広げられました。

自分が受けてきた恩恵を自分の仲間や子どもたちが体験できるといいなと強く願っています。もちろん世界中に若い人はいるのですが、これだけ東にも西にも自由に行き来ができて、発想が柔軟で豊かでいられて、優しい人が多い国はなかなかないと思うのです。とくに今の日本の若い人は本当に優しくて、親切な人が多いです。そういう人たちに自分が受けてきて、ありがたいなと思えた恩恵を、もう一度感じてもらいたいなと思うようになったのです。

ということで、私は個人的には2024年からしばらく、**新たに投資をする分についてはすべて国内株式と国内株式の投資信託を中心に投資をしようと思っていま**

す。投資したお金で、日本企業が頑張って、付加価値の高い製品の輸出が増えたり、世界におけるウェブサービスのプラットフォーマーが出てきたりするといいなと思っています。また、ベタですが化石燃料の輸入が減ると良いなと思うのと、温暖化のことも考えて、エコな発電、充電池などの技術にブレイクスルー（進化）が起こると良いなと思っています。そうやって付加価値の高い輸出と燃料輸入の減少で、貿易黒字になっていったら、また円高も戻ってくるんじゃないかなと思っているんです。

そんなの夢物語だよ、と思うかもしれません。少子高齢化、人口減、地方は特に過疎も進んでいて、需要も縮んでいく。古い慣習が強く、生産性は低いし、同調圧力は強く、内向き志向。多くのメディアなどで語られている日本の悪い点をあげればたしかにキリがなく、日本は一見オワコン（終わったコンテンツの略）のように思えますが、一つ一つ検証してみると、意外と違う未来が見えてきます。

NIKUYO'S
Money Plan

マネープラン8

先進国が抱える
少子高齢化の問題。
ささやかでも、
国内にお金が回るよう、
国内株式に投資

少子高齢化は、先進国共通の問題であり、特に東アジア特有の儒教的で保守的な価値観の影響は大きいです。儒教は性に厳格で、性役割による区分で女性が一方的に家事や育児を強要される風習が根強く、学歴重視や出世重視のため、キャリアが途絶えることを危惧する女性が結婚や出産を忌避する傾向があります。事実、儒教文化の影響が強い近隣国である韓国や中国、シンガポールなどは日本よりも深刻な少子化に悩んでいます。日本は割と早い段階で少子高齢化を迎えていますが、周辺国は日本よりも急激なスピードで日本より後に少子高齢化を迎えるでしょう。そうすると、**先に少子高齢化を迎えた日本のノウハウが活きてくるのです。そのノウハウを輸出して稼ぐこともできると思います。**

また、少子化の原因の一つに、個人の人権意識、権利意識の伸長もあげられます。個人が自分の能力を伸ばしたり、思い通りに生きたいと願うようになると、自分のために頑張る時期と、出産・子育ての時期がどうしても重なってしまうのです。そういった意味で医療技術が進んで晩婚、晩産が選択できるようにしていき、晩婚、晩産でも家計負担が少なく済むように支援をすることで、少しは良くなるのではないかと個人的に思っています。

少子化対策のもう一つの選択肢は移民の受け入れです。反対する人の多くは治安が悪くなるとか、福祉的に寄生される、文化が変わってしまうという理由で反対をしています。ただ、私は条件次第では賛成です。受け入れ時に私たちの文化に理解があるかをしっかりと見極め、出稼ぎではなく、永住予定であることを確認し、労働先の確保がされた状態であれば前向きに考えても良いと思います。国民皆保険制度や生活保護などの福祉制度を悪用しようとする人に注意しながら、こういう人に来てもらいたいという発信（特に富裕層向け）を積極的にして、共感してくれる人を中心として受け入れるのであれば、移民に賛成です。

仮に**少子化対策が上手く進まなかったとしても、私はあまり悲観していません。これからはロボット技術やAI（人工知能）の進化もあり、ますます省人化が進みます。**

省人化が進んで生産性が高まると、むしろ人口が多いと人が余る世界にすらなると思います。そういった意味では少子高齢化や人口減について、あまり暗い見通しを持っていないのです。日本の問題点である生産性の低さも、人口が減っていく中でテクノロジーを駆使しなければ生活が維持できなくなるので、自然と上がるでしょう。

こういう話をすると、日本は島国で同調圧力が強いから、移民や古くからの慣習を変えて生産性を上げようとしても、上手くいかないのではという意見が出てきますが、果たしてそうでしょうか？　私の実感では、日本が他の国よりも同調圧力が強いと感じたことはほとんどありません。アメリカは大統領選などの各党の集会などを見てもわかる通り、同調圧力の強さは日本以上です。また、宗教的な同調圧力も日本は弱いから、他の宗教的規律を重んじる国々に比べたら、圧力がなさすぎて「え⁉」となるくらいです。また2024年はパリでオリンピック・パラリンピックも開催されましたが、その応援やサッカーのワールドカップの応援などを見ても、愛国心に対する同調圧力でさえ、他の国々より遥かに大人しいです。

そして、同調圧力が弱く、政治・宗教的な信条の強制が弱いという特性は、AI時代に世界的なプラットフォーマーになり得る資質を持っているのではないかと思います。日本人はインバウンドの対応でもわかる通り、分け隔てなくサービスできるきめ細かさがあります。そこにアメリカやヨーロッパ、台湾と協力して半導体の製造力が戻ったり、優位な技術を持っているペロブスカイト太陽電池（薄くて軽くていろいろな場所に貼れる太陽電池）や全固体電池（液体を使わないため、今よりも安全で長寿命で高速の放電／充電ができる電池）などで蓄電技術が高まったりすれば、化石燃料の輸入削減にもなり、貿易赤字も縮小しそうです。米中対立がまだまだ続きそうなので、経済安全保障上、日本に製造業が帰ってくる可能性も大いにあります。

と、**かなり楽観的なシナリオを持っている私自身ですが、そのシナリオを実現するためには国内にお金が回らないといけません。ということで、ささやかながら、今、そういう企業にお金が少しでも回ると良いなと思って国内株式を中心に投資をしています。**

NIKUYO'S
Money Plan

マネープラン9

本気の資産形成を目指すなら、REITの不動産投資も一案。東京の不動産にはお金が集まり、資産価値が上がる予想

マネープラン8で、円高シナリオを目指す場合のプランとして、国内株式を中心に投資をするという自分なりの提案をしましたが、自分が住み続ける国で社会問題の解決と投資を兼ねて考えるならば、やはり国内株式に投資をするのが一番良いと個人的には思っています。

ただ、投資の選択肢は株式だけではありません。国内不動産、国内債券等、株式以外にも国内資産への投資を行うことができます。債券は日本では金利が低い状態が続いているので、魅力はあまりないですが、不動産は可能性があると思います。

不動産というのは一般的に長期で保有して（たとえば複数の世代で保有して）メリットが出る資産だと言われています。特に東京は世界の四大都市の一つと言われていて、ニューヨーク、ロンドン、パリと並ぶ文化と最新のトレンドが同居する稀有な都市です。これからも東京は世界中の人を惹き付ける魅力的な都市としてしばらくは維持されるでしょう。

そう考えると他の三都市に比べ、不動産物件の値段が手頃で円安の東京の不動産にはお金が集まってくるので、資産価値は上がっていくことが予想されています。国全体では人口減により、土地や住宅価格の下落が考えられますが、東京だけは別物です。

ただ、東京でも既に不動産の値上がりが大きく、庶民にはなかなか手が届かないものになってきています。おそらく他の世界的な都市と同じように、東京もお金持ちしか中心部に住めない都市に変わっていくでしょう。そんな中で実際の物件を買うのは、まとまった資金を持っている富裕層が中心になっていくと思います。

しかし、そんな**不動産から私たち庶民も利益を得られるチャンスがあるにはあります。それはＲＥＩＴと呼ばれる不動産投資信託（95ページ）です。**

ＲＥＩＴは投資信託と同様に広く投資家から資金を集めて、まとまったお金で不動産の投資を行う商品です。オフィスビルや商業施設、物流拠点などの不動産投資を行うＲＥＩＴは既に人気がありますが、これからもしばらく東京という都市の魅力が維持されて、不動産価格も維持、もしくは価値が上がると考えているようであれば、ＲＥＩＴへの投資というのも一つの方法だと思います。

東京という街には魅力があります。その街がさらに文化的で効率よく発展していくのにはお金がかかります。街に期待しながら、少額から投資できて、街の発展の果実を分配で味わえるという魅力がＲＥＩＴにはあります。国内の不動産投資ならば、円安にも影響を与えず、自分の好きな分野に投資ができるのは面白いですよね。不動産を所有するのは大変だけど、不動産に興味があるという人には良い投資先になるのではないかと思っています。ただし金利上昇による金利負担増大や天変地異などのリスクもあるので、そこを加味した上で検討してください。

NIKUYO'S
Money Plan

マネープラン
10

金《きん》は円換算時の為替や、金価格をふまえ割安な時に、少しだけ買ってみる。暗号資産（仮想通貨）は、しっかり税金を引かれるのでメリットなし

金《きん》価格が上昇し続けているので、円安や通貨変動に対する不信もあって、金に注目する動きもあります。これは金の資源量が限られていて、価値が維持されているから安全資産だという考えに基づいています。また基軸通貨である米ドルに不信を持った新興国の中央銀行が、昔の金本位制の時代のように自分たちの通貨の価値を担保するために金を買い集めているという情報もあります。

ただ、冷静に考えていただきたいのは、金は世界中どこでも取引できる商品だということです。また、円換算をする際には為替も大いに関連しています。円安から円高になると金の価格自体はドル建てで維持されていても、円換算した場合に下がる可能性というのも大いにあります。

そもそもダイナミックな経済活動をしていくために、金本位制に限界を感じたからこそ、第二次世界大戦後の世界貿易を安定させるためにつくられたブレトンウッズ体制（各国通貨と米ドルの交換比率を固定し、ドルだけが金と交換比率を固定するという、ドルを間に挟んだ金本位制）が１９７３年に廃止されました。そうするとこの先、各国の中央銀行などがやっぱり金を買い集めるのを止める可能性だってあります。

また、通貨のデジタル化が進むと、もっと変わるかもしれません。そういった意味では、ここ最近、金は上昇を続けていますが、下落リスクもある投資だと私は考えています。

ただ、資産のリスク分散をする上での分散先として、以前よりは重要な投資先になってきているのは事実です。なので、為替や金価格を考えた上で、割安だと思った時に少しだけ買って持っておくというのはアリだと思います。価格の推移などは通常のニュースなどでは追いにくいので、自分でしっかりと追跡できる人に向いた投資先です。

買いやすいのは有名な貴金属店で金貨や金地金《きんじがね》（いわゆる延べ棒）を買うことです。実物を持たなくても金価格に連動したＥＴＦ（上場投資信託）などの金融商品もあるので、そういったものを少額持つというのでも良いかもしれません。

ただし利益が出た場合の税金の支払方法が購入方法や保有年数で変わるのでご注意ください。また、実物を持った場合には盗難リスク等もあることをしっかり考慮してください。

通貨が安定しない時の投資先としてもう一つ言われているのが、暗号資産（仮想通貨）です。暗号資産はブロックチェーンと呼ばれる、ネット上にみんなで記録を保管する技術を使って、価値を担保しながら運用をするネット上の資産です。新たな暗号資産を流通させるには、マイニング（採掘）という作業が必要で、金などの実物資産のようにマイニングには上限があり、金などと同様に価値が保全されるのではないかと言われています。

ただ、こちらに関しては正直お勧めできません。

そもそも市場が大きくないので、ボラティリティと呼ばれる価格変動の幅が大きいことと、利益が出た場合も日本では雑所得扱いで、しっかり税金を持っていかれ

る仕組みになっているからです。リスクが大きい割に税金を大きく引かれるとリターンも少ないです。となると、投資のメリットをほとんど感じられません。

この先、流通量が増えて市場が安定するという可能性や税制が変わる可能性もないことはないので、様子見程度の金額であれば、やってみても良いと思います。

アメリカでは暗号資産（仮想通貨）を用いた投資信託やＥＴＦ（上場投資信託）が承認され、暗号資産（仮想通貨）が値上がり傾向という話もありますが、それを日本人が買うのは難しいようです。またこの先、日本でも投資信託やＥＴＦで承認されたら、他の金融分離課税と同様の20・３１５％の税率になる可能性がありますが、市場が大きくなって、安定的な推移をするようになるまでは難しいと思われます。

ていました。その時にいろいろな金融商品の販売資格を取得して、当時人気のあった変額個人年金保険に興味を持ち、生命保険会社に転職することになりました。

私の入った生命保険会社は自分たちでお客様に直接売らずに、銀行や証券会社などに商品を売ってもらう、いわば卸売りのような会社でした。私は銀行での販売経験を活かして、銀行員さんや証券マンたちが自分の会社の商品を販売する際の支援をしていました。そして、そのうちに販売資料などを作る仕事もさせてもらうようになりました。

ここまで読んで、金融機関の経験のある方なら気付くと思いますが、本当のエリートの仕事はしていません。本当のエリートだったら、運用やリサーチ部門、融資やBtoBと呼ばれる企業間の大きな取引の仕事をしています。私の人生の詳細はここでは割愛しますが、20代での挫折を経て、営業畑からやり直そうと思って、まずコミュニケーション能力を磨きました（詳しくは2023年刊の前著などを読んでください）。そして小さい頃から好きだった経済や金融商品の話をお客様にわかりやすく説明していくというキャリアを築いていきました。

最終的にマネージャー職までたどり着きましたが、実際には中小企業の課長さんという感じです。でもお客様と向き合って、複数の業界を渡り歩いたので、金融業界を俯瞰して見ることができました。その視点を活かして、お金についてたくさんの人にわかりやすく説明する点は、プロであると自負しています。

COLUMN 1

「お金のことをわかりやすく伝える」が私の得意技

こんにちは。あらためまして、肉乃小路ニクヨです。本書を手に取っていただいてありがとうございます。この時点で私はあなたが好きです♡

前著のタイトルにも入っていましたが「元外資系金融エリート」ってなんやねん?とみなさん思っているでしょう。それは私が最終的に世界でも最大級の外資系保険会社で営業支援部門のマネージャー職までたどり着いたので、その肩書きを見た出版社の担当編集さんがそう名付けたからです。

でも実際のところ、新卒で入った証券会社時代は、お客様が支店に株価を電話で確認してくるのに対応したり（当時はインターネットが今ほど普及していなかったので、簡単に確認できなかった）、支店でセミナーや運用報告会をやる際に、会場や資料の準備をしたり、住宅街を回ってポスティングしたりといった仕事をしていました。まあ、下っ端ですね。

それからいろいろあった末に銀行に入って、今度はリテール（個人のお客様）に商品提案をする仕事をしました。外貨預金、仕組預金、仕組債、投資信託、保険商品などをお客様に勧めて売っ

第2章

新NISAとその先を見据えたマネープラン10

NIKUYO'S
Money Plan

マネープラン
11

新NISAのつみたて投資枠で
老後資金を着実に貯める。
成長投資枠で、よりアクティブな
投資信託にもトライ

2024年1月から新NISAが始まりました。NISAとは「Nippon Individual Savings Account」の略で、株式や投資信託の配当金や分配金、値上がりで得られた売却益が非課税になる国の制度です。

投資で得られた利益には通常20・315％の税金がかかります。たとえば**100万円の利益が出たら、普通の口座であれば、約20万円を税金として支払っていたのです。それが100万円の利益は100万円満額で受け取れるようになったのです。この優遇は大きいですよね。**

とても優遇されているがゆえに、今までのNISA制度は制限がしっかりとありました。しかし2024年からはそういった制限が緩やかになり、使いやすいものに変更されました。ここでの大きなポイントは4つあります。

ポイント① 非課税期間が撤廃

従来は、非課税期間は一般NISAが5年、つみたてNISAは20年と限られていました。だから期間内に売却するか、それを過ぎてしまったら課税口座に移管する必要がありました。しかし新ＮＩＳＡでは、非課税期間が無期限になったため、長期的な視点で投資をすることができます。

たとえば以前は20年の運用期間終了時点で、市場に混乱が起こって価格が下がってしまった場合、非課税期間内に無理やり売却をするか、課税される一般口座に移管しなければならなかったのです。意味がないですよね。だから、非課税期間の終了が近づくと、かなり出口戦略に注意をして臨む必要がありました。それが、新ＮＩＳＡになってからはその心配をしないで済むのです。また、**長期での運用が可能になり、若い人が老後資産の形成を目的にするためにも使いやすい制度になりました。**

ポイント②　非課税投資枠が拡大

従来のつみたてＮＩＳＡの年間投資枠が40万円だったのに対し、新ＮＩＳＡのつみたて投資枠は１２０万円に拡大されました。さらに、成長投資枠として年間２４０万円の投資枠が追加されたため、より積極的に投資をすることができるようになりました。

ただし注意しなければいけないのは、通算の運用資金の合計が1800万円までとなっていること。したがって年間の枠をフルで使うと5年でいっぱいになります。

ポイント③　つみたて投資枠と成長投資枠の併用が可能に

実は従来のNISAは一般NISAとつみたてNISAのどちらかしか使えなかったのです。それが、新NISAになってからはつみたて投資枠と成長投資枠を併用できるようになりました。なので、**つみたて投資枠で老後資金を着実に積み立てながら、成長期待の個別株やアクティブな投資信託で攻めの運用もできるようになりました。**

ポイント④　売却をしたら翌年に売却分の枠が復活

資金需要や利益確定で新NISA口座にある資産の売却をした場合は、翌年、売却分の購入原価分の枠が復活します。

簡単に言うと**100万円で買ったものが120万円になって、住宅の頭金のために売ったら、翌年100万円の枠が復活します。**なので、50歳くらいまでは住宅購入の頭金や子どもの学資のために運用し、売却して使用したら、そこからまた老後資金の備えに向けて枠を使うということも可能になったのです。

NIKUYO'S
Money Plan

マネープラン
12

新NISAで個人資産の一部を投資に回し、国内経済の活性化を目指す。老後資金は国に頼りすぎない

新ＮＩＳＡで、政府は本気で国民に貯蓄から投資へという流れを進めようとしています。よく国家ぐるみで国民をギャンブルに誘導しているというネガティブな発言を聞きますが、私はそうは思いません。

日本政府が新ＮＩＳＡを導入した背景には、いくつかの大きな目的があります。

目的①　経済活性化

日本経済の長期的な低迷を脱却するためには、企業への投資を活発化させることが必要です。**２０００兆円を超える個人の金融資産の一部を「貯蓄」から「投資」へとシフトさせることで、企業が成長するための資金を増やして、国内経済全体の活性化を目指しています。**

また、日本や近隣国は少子高齢化の傾向ですが、世界規模で考えると人口は増え続けています。そんな世界を相手に戦える日本企業が沢山出てきてほしいし、日本に来る世界中のインバウンドを相手にできる企業も沢山出てきてほしいです。

少子高齢化やインフラの老朽化など、課題先進国と呼ばれる日本ですが、この社会問題を先んじて解決して、そこで得られたノウハウを、同様の問題に悩む国に売る企業も出てきてほしいです。まだまだ日本企業にもチャンスはあるのです。だから国内の資本市場にお金が流れることはとても大切です。

目的② 老後資金の準備

医療技術の進化もあり、日本では長寿化が進んでいます。そうすると年金と貯蓄の切り崩しだけでは老後生活を送ることが難しくなる可能性が指摘されています。

一般に老後２０００万円問題と言われている事案です。退職年齢の後ろ倒し、年金受取開始年齢の後ろずらし、ＧＰＩＦによる資金の運用などの対策を打っていますが、さらに個人でもできることをやってもらおうということです。

新ＮＩＳＡを利用して投資を行ってもらい、金融資産を増やすことで、自らの老後資金を補完することを促しています。

国民年金法が制定された１９５９年の男性の平均寿命は65・21歳で、女性の平均寿命は69・88歳でした。それに対して2023年の平均寿命は男性81・09歳、女性87・14歳となっています。これだけ急激に長寿化が進み、少子高齢化が進んでいる現実に直面して、国にばかり頼ってもいられないと個人的には思います。

もちろん最低限のセーフティーネットとしての生活保護やシンプルな社会保障としてのベーシックインカムの導入、無駄のカットなど、並行して論議は必要ですが、できる人は自分で準備もある程度しないと国が倒れます。また、**自由になるお金もある程度確保しておかないと人生が楽しくありません。美味しいものを食べたり、旅に出たり、孫にお小遣いをあげたり。そんなお金を国に頼るのはおかしいですよね。**

目的③　世界の投資資金を呼び込む

2000兆円を超える日本人の金融資産の一部が株式市場に流入し、市場が活発になることで、日本の株式が世界の主要な投資先の一つになることを目指しています。実際に2024年の新NISAのスタートに伴って、海外投資家からの買いが集まり、日本株は大幅な上昇をしました。

ただ、2024年の7月後半から8月にかけての騰落で短期資金は逃げてしまうということがありましたが、市場が落ち着くことで、各国の年金基金や保険会社などの長期的な運用資金が市場に戻ってくることが期待されています。

目的④ 金融機関の競争力強化

新NISAの導入により、日本の金融機関がより魅力的な投資商品を提供できるようになって、国際的な競争力を高めることを期待しています。

せっかくお金を集めるチャンスをもらったのだから、金融機関も魅力ある商品を作って、この「貯蓄」から「投資」への流れを後押しすることが大切です。魅力ある商品を作ったら、日本だけでなく、世界の投資家も買ってくれるのです。

そうやって**日本の金融機関の国際的な競争力が増すと、産業としても雇用を生み出します。**理想としては東京が世界の金融センターの一角を占められるくらいの地位に戻ってほしいですよね。

バブル崩壊前までは東京はニューヨーク、ロンドンと並ぶ世界三大金融センターと呼ばれていました。しかし、税制面や活力を失ったマーケットや、規制緩和の遅れなどもあり、香港、上海、シンガポールといった都市に差をつけられてしまいました。そんな中で、米中対立もあり、香港や上海などで自由な活動を制限された企業が、逃げ出している状況もあります。ある意味、日本がチャンスを迎えているので、行政と協力しながら、金融機関には力をつけてもらって、頑張ってほしいなと思っています。

NIKUYO'S
Money Plan

マネープラン13

新NISAには、つみたて投資枠と成長投資枠がある。選択肢を多く持つために証券会社で新NISAの口座を持つ

つみたて投資枠、成長投資枠がある新ＮＩＳＡの口座で運用できる商品はどういう商品があるでしょうか。これはつみたて投資枠と成長投資枠で異なっています。

つみたて投資枠（年間上限120万円　通算上限600万円）の対象商品

・投資信託（国が定めた厳しい条件をクリアした長期投資に適したもの）

成長投資枠（年間上限240万円　通算上限1200万円）の対象商品

・投資信託
・株式（国内・外国）
・ＥＴＦ（上場投資信託）
・ＲＥＩＴ（不動産投資信託）など

【投資信託】

投資信託について軽くおさらいをすると、沢山の人がお金を出し合って、そのまとまった資金を専門家が株式や債券などに投資する商品です。手数料は取られますが、個人では難しい沢山の投資先に分散をして投資することができる商品です。小口でも購入することができて、最低100円から購入できる商品もあります。

大まかに分類すると主に株式に投資をする株式型投資信託、**主に債券に投資する債券型投資信託、株式と債券の両方に投資をするバランス型投資信託があります。**また運用スタイルとしては、専門家が積極的に銘柄を選別して運用をするアクティブ運用と、専門家が銘柄選別をせず、市場の指標に連動するように機械的に売買をするパッシブ運用の二つに分かれます。銘柄選別にかかる費用が少ない分、パッシブ運用のファンドの方が手数料は安くなります。

【株式】

国内外で上場されているそれぞれの会社の株式の売買をするので、「個別株」とも呼ばれます。投資目的としては買った株式の株価が上昇することにより得られる値上がり益＝キャピタルゲインと配当金や株主優待を目的とするインカムゲインに分かれます。また投資スタイルとして、大まかに言うと割安に据え置かれている株を購入するバリュー（value）株投資とこれからの成長が期待される企業に投資をするグロース（growth）株投資に分かれます。

【ETF（上場投資信託）】

ＥＴＦは「Exchange Traded Funds」の頭文字で、文字通り取引所（Exchange）で、取引される（Traded）投資信託（Fund）のことです。

ＥＴＦは市場価格で取引されるため、市場が開いている時間には、リアルタイムで売買が可能で自由度が高い商品です。一方で分配金が自動的に再投資されないので、複利効果は望めません。通常の投資信託は１日１回計算される基準価格で売買されて、分配金の受け取りか再投資を選べます。

ＥＴＦは特定の株価指数（たとえば日経平均株価やＴＯＰＩＸなど）の動きに連動するように作られているため、手数料も安いことが多いです。普通の投資信託のように金額指定で１００円単位の購入はできませんが、**株式と比べると最低投資金額が安**

く、2万円以下で売買可能なETF（上場投資信託）が多数（70%くらい）あります。

【REIT（リート）】

REITとは、「Real Estate Investment Trust」の略で、不動産投資信託のことです。投資家から集めた資金で、オフィスビルや商業施設などの不動産を購入し、その不動産から得られる賃料収入や売却益を投資家に分配する金融商品です。

通常、不動産の購入は多額の資金が必要ですが、少額から始められます。比較的安定した配当が期待できることや、個人では投資しにくいオフィスビルやホテル、倉庫などの物件に分散して投資をすることができます。証券市場で売買できるので換金性も高いです。

注意点としては**成長投資枠の株式やETFや一部のREITなど、証券市場に上場されている商品は銀行で新NISAの口座を開いた場合には購入することができません。**選択肢を多く持っておきたいということであれば、証券会社で新NISAの口座を開くことをお勧めします。

投資信託を中心にした運用だけで良ければ、銀行でＮＩＳＡ口座を開設しても問題ありません。また、投資信託を沢山の中から選びたいということであれば、ネット証券を勧めます。ネット証券では窓口のある証券会社や銀行よりも多くの種類を扱っています。

NIKUYO'S
Money Plan

マネープラン
14

投資初心者は、GPIFと同じ国内株式25％、国内債券25％、外国株式25％、外国債券25％の割合で投資

今までより格段に使いやすくなった新ＮＩＳＡ。その具体的な内容もわかったところで、個人は新ＮＩＳＡをどう活用していくべきか？　選択肢が広がった分、迷いますよね。

すべての人に共通するメリットとしては「非課税」ということです。沢山利益が出ても、税金はかからないのですから、王道としては新ＮＩＳＡの口座では大きなリターンが期待できる運用をしたいものです。

でもリターンが大きいということは、リスクが大きいのも事実です。大きく損をするのも怖いですよね。２０２４年8月初旬に起こったジェットコースターのような市場の上げ下げに驚いた人、不安に思った人も多いと思います。

どういう目的で新ＮＩＳＡに取り組みたいかによって、運用も変わってくると思います。次はその目的別にお勧めの運用を提案してみたいと思います。

●投資初心者で、銀行預金だとインフレに対応できないから投資を始める人向け
（この先そんなに長く運用する必要のない高齢者を含む）

これからの日本は円高・円安どちらに振れるかわからない状況です。今まで経済にあまり関心を持たれなかった方は、特に何に投資をすれば良いか迷われますよね。でもいろいろなところで投資の王道として「長期・積立・分散」が良いというのは聞いているはずです。

この「長期・積立・分散」を叶えやすい商品が投資信託です。投資信託は少額から始められ、投資先を分散しながら買えます。特に金額指定で１００円から積み立てることが可能なので、積立に向いている商品だと思います。

長期での運用を考えるのであれば、手数料の安い投資信託を積み立てるのが良いと思います。そう考えると**初心者にお勧めなのは、GPIF（年金積立金管理運用独立行政法人）と同じポートフォリオ（資産構成）を持つ投資信託で、パッシブ運用のもの**

です。

具体的に言うと国内株式に25%、国内債券に25&、外国株式に25%、外国債券に25%という構成割合で、投資信託の種類としてはバランス型投資信託になります。

新NISA開始以降、初心者を含めて「オルカン」という全世界の株式に分散投資をする投資信託や、「S&P500」という米国を代表する500社に分散投資する株式型の投資信託を勧める声が強いですが、私は「オルカン」や「S&P500」は本当の初心者には向いていないと思います。

初心者は最初からすべての投資資金を株式だけに投入するのは向いていません。

株式は上がり下がりの振れ幅やスピードが大きいですし、外国資産に投資する商品の場合には為替のリスクもあります。なので、**国内資産半分、海外資産半分、株式半分、債券半分のバランス型の投資信託であれば、資産の分散が効いていて、国内／海外・株式／債券のどちらかが悪くても、どちらかの評価が上がったり、維持**

したりで補い合います。

安定した長期運用を目指すGPIF（年金積立金管理運用独立行政法人）が考え抜いたポートフォリオです。それはつまり日本のトップレベルの賢人が考え抜いたポートフォリオですから、まずはこれを真似しましょう。

NIKUYO'S
Money Plan

マネープラン 15

ＧＰＩＦの運用報告書で、市場の動きを学んでみる。投資で大事なのは途中で止めないこと

マネープラン14でも話しましたが、GPIF（年金積立金管理運用独立行政法人）のポートフォリオが良いのは、4つの資産に分散しているので、運用報告書を見ながら各資産の値動きを勉強できることです。投資信託に投資をすると運用報告書を定期的に見ることができます。

そこで、まずは**国内株式の市場、国内債券の市場、外国株式の市場、外国債券の市場の大まかな動きを勉強しましょう。どうしてこの資産の値段が上がったのか、どうして下がったのかというのも段々と理解できるようになります。**

たとえば金利が上昇する時というのは、景気の熱量がある時で、株は上がっている傾向にあります。また金利上昇時に債券は、既に持っている債券の利回りが新しいものと比べて見劣りしてしまうので、価格は下がります。金利が低下する時はこの逆のことが起こります。

また、円安になると、外国株式や外国債券の評価額が上がるということが実感をもって学べます。そうするうちにコツがつかめてきて、興味を持った投資先を見つけていくのにも役立ちます。だからこのGPIFと同じポートフォリオのバランス型の投資信託を、つみたて投資枠でじわじわと買い進めていくのをお勧めします。

余裕資金がある、投資上級者の目線で考えると、新NISAの枠をフルに使わないのはもったいないと感じますが、投資は慣れるのが一番です。でも慣れるまで、初心者はどうしても目先の上がり下がりに一喜一憂してしまうものです。

だからまずは**つみたて投資枠で無理のない範囲でつみたて設定を行って、ちょこちょこ続けることを優先しましょう。慣れたら金額を増やしてみて、興味が湧く分野や会社などが明確になったら、成長投資枠を使って、その分野に特化した投資信託やETF、個別株などもやってみると良いですね。**

大事なのは始めたら止めないことです。「長期・積立・分散」に適しているのがGPIFのポートフォリオです。2倍3倍にはならないかもしれないけれど、インフレに負けずに運用ができたらいいなくらいのスタンスで始めるのが良いです。また、10年くらい後に使うことが明確になっている資金を積み立てるのもこのGPIFのポートフォリオの投資信託が向いていると思います。

たとえば**お子さんができて、中学、高校、大学と教育資金の積み立てを考えているとか、住宅購入の頭金などで10年後くらいに使いたいということがある場合にもGPIFのファンドでの運用でそれに備えるのが良いと思います。**

ちなみにGPIFは2001年の市場運用開始以来、2023年度第1回半期まで、2008年のリーマンショックの時期を含めても、収益率は年率平均3・97%です。将来を約束するものではありませんが、これだったらインフレには勝てそうですね。

さすがに国の年金運用を任されて「上手くいきませんでした、年金は減ります」とは言えないので、**GPIFは攻めも守りもバランスが良いです。**GPIFの国内債券・外国債券・国内株式・外国株式の4資産の割合は、2006年度の時点では国内債券の割合が3分の2を占めており、株式は国内と外国のものを合わせても20

%しかありませんでした。しかし、徐々に国内債券の割合を減らして、他の資産に振り分け始めました。

２０１４年10月からは国内債券の割合が25％も減りました。日本銀行に黒田東彦総裁が就任して大規模な金融緩和を始め、アベノミクスでデフレ脱却、物価・賃金上昇が見込まれている中で、これまでの国内債券中心では、年金財政上必要な利回りを出すことが難しいということも影響したと思います。

そして２０２０年度からは、国内債券の10％を外国債券に振り向け、現行の４資産に25％ずつが基本の資産構成になりました。２０１６年からマイナス金利となり、国内債券よりも外国の債券での運用の方が望ましいと判断したのでしょう。ただ２０２４年には金融正常化に向けた日本銀行の利上げ宣言もあり、国内の金利が上昇していけば、また構成割合は変化する可能性があります。そういった意味で**GPIFの資産割合変更のニュースは堅実な長期投資を目指す人にとっては大いに参考になるので、注目してほしいなと思います。**

NIKUYO'S
Money Plan

マネープラン
16

投資先がわからなくなった投資中級者は「オルカン」か「Ｓ＆Ｐ５００」から始める

●資金に余裕がありリスク許容はできるが、投資にそれほど詳しくない中級者

長期で運用できる資金を既に持っていて、今までは気が向いた時に株式投資をやってきた。だけど個別企業の業績を追い続けるのが手間で、何に投資をすれば良いか結局わからなくなって、あまり投資をせずになんとなくここまで来てしまった。そんな投資中級者に向いているのが、株式型投資信託での運用です。

たとえばちまたでお勧めされている「オルカン」と呼ばれる全世界株式に分散投資する投資信託や、アメリカの「S&P500」に連動する投資信託が私も良いと思います。

ちなみにオルカンは三菱UFJアセットマネジメントが運用する「eMAXIS Slim全世界株式（オール・カントリー）」という投資信託の略称です。オルカンの投資先は先進国が90%、新興国が10%という分散です。すべての国が均等に含まれているわけではありません。国ごとに企業の大きさ（時価総額）で上位約85%の企業が対象と

なっています。

国別の投資配分比率では、アメリカが6割以上となっています。しかも企業の時価総額が加味された指標に連動するので、オルカンの組み入れ上位10銘柄とS&P500の上位10銘柄は9銘柄が重なります。したがって**オルカンとS&P500に連動する投資信託は分散を考えると併用する必要はないと思います。**

リスクを分散する必要がなく、世界最強の資本主義国であるアメリカに期待しているということであれば、「S&P500」に連動するように設定された投資信託が良いでしょう。

S&P500（S&P500種指数）を簡単におさらいすると、米国の代表的な株価指数の一つです。

規模、流動性、業種等をもとにニューヨーク証券取引所やNASDAQに上場・登録されている米国を代表する約500銘柄をピックアップします。それを時価総額をもとに調整し、平均し指数化したものがS&P500です。時価総額が影響するので、組入上位銘柄はマイクロソフト、アップル、エヌヴィディア、Amazonなどの大型銘柄ですが、500銘柄もあるので、米国市場全体の動きを概ね反映していると言えます。この指数に連動した投資信託に投資をすると米国市場全体に分散して投資できることになります。

アメリカは格差や分断、凶悪事件などもあり問題も多く抱えていますが、先端の科学技術や新しいものを取り入れようとする力は世界で一番強力です。また消費意欲も旺盛で、投資マインドにも溢れていて、お金がしっかり回っている国です。こういった点を評価する人で、**しばらくはアメリカ経済が安泰だと思っている人は、まずは全体に投資をして、興味を持った銘柄や分野が出てきたら、個別投資を検討するというのが良いと思います。**

マネープラン 17

NIKUYO'S Money Plan

為替水準が円安と感じる投資中級者は、「TOPIX」に連動する株式型投資信託にも分散投資

現状の為替水準が円安と感じていて、外国株式の投資信託の購入費用に割高感を感じているなら、日本株式のＴＯＰＩＸに連動した投資信託を買うと良いでしょう。ＴＯＰＩＸは「Tokyo Stock Price Index」の略で、東証株価指数とも言われています。東京証券取引所に上場している銘柄を広く網羅し、一定の計算方法によって指数化されています。

実は前著の中では、わかりやすく日経平均株価という指数に連動した投資信託を勧めていたのですが、日経平均株価は225社と限定されているのに加えて、時価総額が大きい一部銘柄の値動きが、指数に大きな影響を与えてしまう傾向があります。

2024年に入って日経平均株価が急速に上がったのも、時価総額の大きい半導体株や輸出や海外での稼ぎが大きい企業の株価が円安で上がったからです。

しかし、**株式型投資信託も、もう少しまろやかに全体に分散した方が良いなと思い始めたので、2024年からはＴＯＰＩＸ連動の投資信託を提唱しています。ち**

なみに私も今年のつみたて投資枠については、TOPIXに連動した投資信託で枠を使いました。

マネープラン16でお話ししたように、**中級者は各々の好みでオルカンかS&P500とTOPIXを組み合わせてください。**そして購入方法ですが、リスクが大きい株式型投資信託となるので、定期的に積立をして、時間分散をしながら購入するのが良いと思います。

過去のデータとしては、投資信託は一般的に、年始に一括購入した方が運用期間が長くなって、複利効果を得やすいという傾向がありますが、基準価格の変動が激しくなっている昨今ですので、**投資中級者は時間分散という考えのもと、毎月積み立てをおすすめします。新NISAのつみたて投資枠で購入していって、資金に余裕がある時は成長投資枠で同じ投資信託を買い足しても良いですし、興味が出てきた分野や会社などができたら個別株やETFなどを買い足しても良いでしょう。**

NIKUYO'S
Money Plan

マネープラン18

長期運用をするなら、基本は手数料の安いパッシブ運用の投資信託を選ぶ

オルカン、S&P500連動、TOPIX連動はいずれも株式投資信託でパッシブ運用のファンドです。長期で放置するということを前提にしているので、手数料の安いものを勧めます。たとえば年に1%の手数料でも10年運用すると10%になります。これって大きいですよね。

また、銘柄選別をする多くのアクティブ運用の投資信託はパッシブ運用よりも運用成果が劣るというデータがあります。そういうこともあって、積み立ての長期運用ではパッシブ運用の株式投資信託を勧める声が多いです。

ただし2024年8月初旬に起こった相場の乱高下を経験して、もっと銘柄を選別した方が良いのではないかという意見も出てきています。

私はアクティブ運用の投資信託すべてを否定していません。パフォーマンスでパッシブ運用の投資信託に負けるアクティブ運用の投資信託が多いのは事実ですが、パッシブ運用の投資信託に勝っているアクティブ運用の投資信託もあるからです。

また、パッシブ運用の投資信託だと銘柄を選別せず、市場の特定の指標に連動するように自動的に売買をすることになります。でも明確に自分の中でこういう会社や業界を選別して応援したいという人もいるでしょう。たとえば投資の社会的な役割や価値を重んじる人は、社会的価値のある会社をしっかり選別したアクティブ運用の投資信託を選ぶのもアリだと思います。

さらに、**運用方針の面白いアクティブ運用の投資信託を実際に買うことによって、どのような銘柄を選んで、実際にどのような値動きをしたかを少額の投資で経験することができます。沢山の会社へ個別に投資をするのは手続きが煩雑で、費用もかかり、資金も一定額以上必要になります。投資信託なら簡単に分散投資ができます。**

このことは将来的な個別株への投資にとても役立ちます。

投資でも仕事でも上手い人の方法を真似するというのは成功するための秘訣です。

お金を増やすことは投資の大事な目的の一つですが、それだけではないのです。身銭を切って投資をすることで、これからの社会や世界の流れ、動きなどを体感して、考えるきっかけができるのです。

投資のそういった側面を重視する人などは手数料とパフォーマンスと運用方針をよく検討した上でアクティブ運用の投資信託を選ぶのも良いと思います。

アクティブ運用にしてもパッシブ運用にしても、長期投資をするなら、価格の上がり下がりで一喜一憂するのは禁物です。しかし後付けで十分なので、値動きの理由くらいはわかっておいた方が良いと思います。長期投資は「Buy and Forget」の心持ちでやるのが成功の秘訣ではありますが、完全に放置して良いということではありません。値段の推移の理由くらいは知っておいて、日々のニュースと照らし合わせた方が、投資以外の未来を考える上でも役に立ちます。せっかく身銭を切って、値動きのある資産を持ったのです。運用報告書を読むのに追加の費用はかかりませんので、過去の運用の推移の理由くらいは一読しておいた方が良いのではないでしょうか。

NIKUYO'S
Money Plan

マネープラン19

投資上級者は非課税で運用でき、売却した場合、購入原価分が翌年に復活する新ＮＩＳＡの成長投資枠をフル活用

投資について語っている私も、投資を始めた時はもちろん何もわからない初心者でした。ここまで初心者向け、中級者向けで分けて新NISAを活用した運用についてお話ししてきました。最後は投資上級者向けの提案です。長期で投資をし、運用報告書を読んで世の中の動きを自分なりに学んでいけば、誰でも投資上級者になることができると私は思っています。

●余裕資金を十分に持っている投資上級者

余裕資金を十分に持っている人の場合、理想は年間上限額×5年で、枠を目一杯使い上限の1800万円の枠を埋めることを勧めます。**つみたて投資枠は中級者と同じ、パッシブ運用の株式型投資信託で運用するのが良いでしょう。投資枠はできるだけ早く埋めた方が良いと思います。**なぜなら、一般的には投資信託は少しでも長い期間運用した方が、複利効果もあって大きな収益を期待できるからです。長期での運用になるので、手数料が少しでも安い投資信託が王道です。

成長投資枠では好みの個別株や投資信託、ＥＴＦを購入してください。やはり非課税枠なので、収益を狙えるものを非課税で運用できるというのが新ＮＩＳＡの一番のメリットでもあります。

投資に慣れていて、当面使わない余裕資金がある方はこのメリットをフル活用してください。成長投資枠は儲かったら利益を確定して売るのも良いでしょう。なぜなら売却した購入原価分は翌年に枠が復活するからです。そうして**成長投資枠を上手く売り買いで繰り返し使うと、上限の１８００万円以上のメリットが味わえます。**

NIKUYO'S
Money Plan

マネープラン
20

60歳までお金を引き出せないのがiDeCoのデメリット。老後がちらついてから考えても遅くない

国が作った資産形成のための優遇制度にiDeCo（個人型確定拠出年金）という制度があります。これもおさらいをすると自分が拠出した掛金を、自分で運用し、資産を形成する年金制度です。新ＮＩＳＡと同じように定期的な積み立てで運用商品（定期預金・保険商品・投資信託）を買い（65歳まで拠出可能）、運用期間中は非課税で運用でき、掛金は所得控除の扱いを受けられます。受取時は一時金もしくは年金で受け取れます。一時金で受け取る時には退職所得控除、年金受取時には公的年金等控除となります。

一見新ＮＩＳＡよりも優れているように思えるiDeCoですが、一つだけ使い難い点があります。それは60歳まで原則として引き出しができないという点です。なので、急な資金の必要に迫られた際に現金化できないというデメリットがあります。ただ引き出せない分、掛金は放ったらかしにしておくしかないので、長期にわたってのんびりと運用できるというメリットもあります。

新NISAとの大きな違いは、運用に払ったお金について所得控除が受けられるというのがiDeCoの大きなメリットです。しかし、専業主婦やそもそも所得がない人にとって、所得控除は関係ないので、まずそういった人はiDeCoをしなくても良いと思います。あと、**若い人、20代〜30代の人などは老後のための資金の心配よりも、自己投資をした方が良いと思うし、結婚、出産、住宅購入、学資など、資金需要のあるイベントが続くので、新NISAが使いやすく変わった以上、60歳までお金を引き出せないiDeCoをあまり頑張ってやることはないのではないかと個人的には思います。**

もちろん資金に余裕があって、所得も多くて、所得控除のメリットが多いという人はiDeCoも制限枠フルでやってください。でも、資金に余裕があまりなくて、まだ人生が固まっていない人は、老後がちらつく頃からでも遅くないのではないかと思っています。

に、投資のリスクがあります。元気に成長して帰ってくるという確実な保証はありません。でも、親が子どもに活躍してほしいと思うのと同様におカネちゃんにも活躍してほしいと思ってしまうのが私の考えです。もしかすると私に子どもがいないので、有り余る母性や父性をおカネちゃんに注いでしまっているのかもしれませんね。

だから、大切な子どもの奉公先を厳選するように、おカネちゃんの奉公先も厳選しましょう。おカネちゃんに就職させたいと思うような会社を選ぶというのが投資のコツだと思います。安定した大企業でおカネちゃんに活躍してほしいという人もいれば、ベンチャーでおカネちゃんに飛躍してほしいという人もいるでしょう。個別株なら選んだ会社に直接奉公させることができますし、投資信託なら、複数の会社に分けて奉公させることができます。最近人気なのは配当金をしっかり出す会社なので、奉公先から仕送りをしてくれる子どもみたいな感じですかね。

もし円高・円安に対応できる子（お金）になってほしいのなら、円安時には円安の恩恵を受ける会社に、円高時には円高の恩恵を受ける会社に奉公（投資）に出しましょう。そうやって時代に対応しながら、わんぱくでも良いから、逞しく育ってほしいですね。一昔前にテレビで流れていたハムのコマーシャルみたいな話になってしまいました（笑）。

COLUMN 2

「おカネちゃん」に奉公をさせる感覚で投資をしています

私は、お金というのはある意味、子どものようなものだと考えています。老後の面倒を見てくれ、家事を助けてくれて、自分を楽にしてくれる、ありがたい子ども。そう思うと大切にしたいと思いますよね。

銀行にお金を預けておくというのも、悪い選択肢ではないのですが、今の日本では金利がほとんどつかない状態なので、成長が見込めません。銀行に預けているお金はある意味、暗室でじっと活躍できるのを待っている状態です。暗室でも勝手に育つ「うど」や「もやし」のようなタイプだったら良いのですが、お金はそういうタイプではありません。

投資はそんなお金に経験をさせて、成長して帰ってきてもらうという活動です。特に株式に関する投資はお金という子ども（以下、おカネちゃん）にその会社の資本として活躍してもらうことになるので、たとえるなら、わが子を会社に奉公に出して活躍してもらって、帰ってくるのを待つようなものです。暗室で育てるよりも逞しく育ってもらえそうですよね。外国への投資は子どもを留学や海外駐在に出す気持ちでしょうか。

もちろん、奉公に出すと、仕事中にケガなどのリスクがあるよう

第3章

上がらない給料を嘆かないためのマネープラン10

NIKUYO'S
Money Plan

マネープラン21

私たちは「自分株式会社」の社長。お金に働かせるより、自分が働いて稼いだ経験が投資に役立つ

前著でも書きましたが、私の人生に対するモットーは「人生は経営だ」です。人生は経営をするように与えられた資源を活かしてお金を稼ぎ、それをさらに投資して、様々な経験を重ねて厚みを増していく。そのサイクルを続けることが大切だと考えています。それは企業が持てる資源を活用して、お金を稼ぎ、それを再投資して、経験や技術を蓄積して、会社を継続・成長させていくのに似ています。私たちは自分株式会社の社長でもあるのです。

お金を稼ぐという点では自分が働くこととお金に働いてもらうことの二つの方法があります。そう言うとみなさんは、「肉乃小路ニクヨはお金のプロだから、お金に働かせることを重要視している」と思うかもしれませんが、違います。私は働いて稼ぐことを最も重要視しています。それはどうしてか？

働いて稼いだ方が、経験値が高まり、人生の厚みが増し、巡り巡ってその経験が投資をしてお金に働いてもらう上でも役に立つと思っているからです。

お金を増やすこと以上に、人生の厚みが必要です。どうして人生の厚みを増やす必要があるのか？　それはその方が絶対に人生が楽しいからです。

前著で、私は「お金は幸せになるための道具」だと書きました。それは今もあまり変わっていないのですが、自分の考えていたことを声に出してお話しする機会が増えるにつれ、幸せについてさらに深く考えるようになりました。そうするとあるシンプルなことに気付きます。幸せってなるものじゃない、感じるものだと。

幸せって一体何なのでしょう？　私も漠然と幸せになりたいとは思っていて、お金はそれを手助けしてくれる道具だと思って生きてきました。でも幸せは人それぞれで、何をもって幸せかということを定義するのはとても難しいです。ただ、沢山ある幸せの形に共通するものが一つだけあります。幸せというのは感じることで初めて実感できるということです。

私は前著の中で「自分は貧乏を経験してきたおかげで幸せの閾値《いきち》（感じるポイント）

が低い」と書いていました。沢山の経験をしてきたからこそ、すぐ近くにある幸せに気が付けるから幸せの閾値が低いのだとわかったのです。

よく、年をとって、涙もろくなったという人がいますよね。私もそうなのですが、それは分析してみると目の前で起こることが、過去の自分の経験と重なって、その時のことを思い出して心が動き涙する、ということなのです。だから幸せになる≒幸せを感じるには、多くの経験をすることが必要なのです。

たくさんの経験をするために仕事をする。そこで得た経験がお金を生み、増やすことにもつながるのです。

NIKUYO'S
Money Plan

マネープラン
22

仕事は新しい経験に必要なお金を生み出す。働くことでノウハウが蓄積され、チャンスも増える

働くことは私たちに経験を与えてくれます。それは「投資をしてお金に働いてもらう」だけでは得られないものです。だから私は**自分自身が働くことをとても大事に考えています。しかも経験だけでなく、さらに新しい経験をするのに役立つお金を稼ぐこともできるのです。**こんな素敵な人間の活動は他にありません。だからできれば死ぬまで働き続けたいです。

働くことで考え、感じ、経験を蓄積して、幸せを感じやすくなる。幸せが何かは結局今もはっきりとはわからないままですが、幸せを沢山感じることができれば、結果としてそれが、「幸せを呼ぶマネープラン」と言えるのではないかと思っています。

幸せな人生のためにも働くことにはこだわりを持っていたいと思います。多様な経験をし、働きながらノウハウが蓄積されていくと、チャンスを与えられ、より高度な経験を得られるようになります。

高度な経験は大変でもあるのですが、自分を大きく変化させてくれる経験にもなります。そうするとさらに新しい経験をもらえるチャンスが得られます。そういうことを繰り返すうちに自分が変わっていくのです。

女性誌とかLGBTQ＋界隈では、よく「私らしく」「自分らしく」ということを大切にする表現を目にします。響きもよく、便利な言葉なので、よく使われていますが、個人的にはあまり好きではないし、自分の言葉としては極力使わないようにしています。なぜかというと「私らしく」や「自分らしく」というのは過去にあった自分を大事にするという考え方に基づいているからです。

私も女装という好き勝手なことをやっているので世間一般からは「自分らしさ尊重の代表」として括《くく》られ、そういう風に片づけられることも多いです。

取材された媒体に「その表現は止めて」とまでは言ったことがありませんが、内心ではいつも「自分らしくの一言で片づけられたか……」と少し落胆します。私はいつだって変わり続けたい人間だからです。

過去はたしかに大切です。過去があるから現在がある。それは本当です。だけど「私らしさ」「自分らしさ」というのは過去の自分にとらわれすぎている考えだと私には思えます。

過去ってそんなに固執するほど良いものなのか?とも考えています。だって私自身の人生を振り返ってみても、子どもの時は今思えば恥ずかしいことばかりしてきたし、社会人になってすぐの頃も恥ずかしいことばかりしてきたし、振り返ると人生は恥ずかしいことのオンパレードです。だからそんな自分の過去にこだわる必要があるの?といつも思っています。

そんなことより、**未来の自分に期待して、世の中のことやお金のことを学びながら働き、稼ぎ続けたい。そうやって着実に経験を積んでいき、もっと自由な私になっていきたいのです。**

NIKUYO'S
Money Plan

マネープラン
23

「私らしく」の枠に
留まるのは止めて、働く。
お金が苦手、数字が苦手な
過去の自分にとらわれない

ディズニー映画の『アナと雪の女王』が流行《はや》り、主題歌の「Let It Go」が大ヒットした時に、日本語で「ありのままで」と訳された歌を喜んで歌う周囲を見た時に、私は違和感を覚えました。

「Let It Go」を聞いて「ありのままの自分で良いんだ」という解釈をした人たちが、「そのままの自分を肯定する讃歌」のようにこの歌を歌っている姿を当時沢山目撃し、違和感をぬぐえなかったのです。

他人の物語や歌に対する解釈に指摘を入れるのは野暮《やぼ》の骨頂だと理解しているのですが、言わせてください。あれは自分の持つ恐ろしい能力に絶望した女王エルサが、もう周囲とかかわりを持ちたくないと孤独に突き進む、悲しみの歌だと思います。「ありのままで」は「そのままの自分を肯定する讃歌」ではなくて、「そのままの自分の能力に絶望する歌」なのです。

エルザはいったん孤独の城に籠城しますが、最後は妹であるアナの献身に感銘を受け、**自分の力をコントロールできるようになる「未来」を目指して変化し、ハッピーエンドとなるのです。**過去の自分を受け入れながらも、そこから新しい自分を作り上げる「私ならでは」の世界がそこにはあります。

あまり大きな声で言うとミーハーだと思われるので、公言してきませんでしたが『アナと雪の女王』は大好きな映画です。なぜかというと「私ならでは」の世界を目指すことがハッピーエンドにつながるというテーマが好きだからです。

同じようにジブリ映画の『魔女の宅急便』も好きな映画です。なぜかというと主人公のキキが成長していき、過去の自分にもがきながらも苦悩し挫折し、それでもそこから新しい未来を目指して進化をしていく形の、ハッピーエンドのお話だからです。

「魔女の血」という生まれにこだわりながら、成長していくうちに飛び方を忘れて、だけど、目の前に起こったピンチに向かって変化して、最後はデッキブラシで空を飛んで、友達（恋人？）を助けます。それは過去の自分の能力に留まらない進化を遂げるハッピーエンドだからです。

仕事をして、沢山の経験をして、変わっていきたいと思っているのなら「私らしく」「自分らしく」という枠に留まるのは止めた方が良いと思っています。

そして**過去を卑下したり否定したりするのでもなく、それを活かして変わっていく。それが「私ならでは」の世界です。**細かいようだけど、働いていく上でも、お金と付き合う上でもとても大切な考えなので、じっくりと書いておきました。

NIKUYO'S
Money Plan

マネープラン
24

自分らしさにこだわる
マイルールを捨て、
成功事例を真似ると
人生もお金も上手く回っていく

今までの自分を活かして変化していくことを恐れない「私ならでは」の世界を実現するため、私たちは働きます。**目に映るすべてのことはデータベースのサンプルなのです。自分の得意を活かし、新たなノウハウを蓄積し、より高度な経験を招き入れる。これが働いていく上でとても大事なことです。**この繰り返しで人は新しい経験を得ていきます。

経験値が高まると、目の前で起こっていることと照らし合わせる経験のデータベースが増えていき、その経験を照らし合わせたり、思い出したりして、心が動かされ、幸せを感じやすくなるのです。だから、涙もろかったり、共感しやすい人というのはそれだけ経験豊富ということであり、そういう人を見ると、うらやましかったり、素敵だなと思います。

仕事をすることで、ノウハウを吸収し、さらに高度な体験ができるようになるというのはわかっていただけたかと思いますが、どうすれば上手くノウハウを吸収し、知見を得て、高度な仕事を任されるようになるのでしょうか？

かくいう私も生まれてこの方、いつだって不器用で失敗ばかり繰り返してきました。特に若かった頃は自分が大好きで「私らしさ」や「自分らしさ」に誰よりもこだわって行動していました。「自分らしさ」のために独自のやり方にこだわって、周囲をよく見ず、失敗を重ねてきたのです。

もしかするとプライドが邪魔をしていたのかもしれません。「自分は慶應義塾大学を出たくらい優秀だから、自分を信じて、自分らしくすれば、絶対にできるはずだ」と思っていたのです。馬鹿ですね。でも**仕事における解はいつだって現場にあって、冷静に周囲の人の成功例や正解を素直に取り入れることが最速でノウハウを吸収するコツだったのです。**

「学ぶ」という言葉は古語では「まねぶ」と読みます。すなわち周囲の成功事例を真似ることこそが学ぶということだったのです。

このことに気が付いてから、私は仕事のやり方が変わりました。「自分らしさ」にこだわるマイルールを捨て、成功事例を真似るようになりました。そうすると成果が出るようになったのです。そうやって仕事が段々とできるようになっていきました。

思い出してみれば、中学の時に急激に勉強ができるようになったのも、自分ならではの解き方にこだわらず、わからなかったら、さっさと答えを見て、考え方を学んで吸収するというやり方に変えてからでした。

「自分らしさ」にこだわらなくなって、成功事例を真似ることで、解決できる問題は非常に多いです。だから、常に仕事をしていく上ではロールモデル（憧れの人）やメンター（頼れる先輩）を見つけて、一生懸命真似ることを実践してみましょう。

そうすると自分の個性が死ぬのではないかという心配をする人もいると思いますが、大丈夫。正解や答えがいったん身に着いた後に、必ず応用問題が出てきます。そこで周囲の成功事例＋自分の経験というのが発揮される機会ができるのです。

だから、常に周囲をよく見て、成功事例をしっかり観察し、真似をするのです。そうすることでどんどん新しい経験を手に入れることができます。

成功事例を取り入れて、チャレンジを続けましょう。すべてのチャレンジが上手くいかないかもしれないけれど、バッターボックスに沢山立つことが大切です。そのことであなたは注目されるようになります。努力というのは陰でした方が本当は格好いいのかもしれませんが、社会人、特に会社員（組織人）は周囲に見られるところで努力をしないと評価につながりません。注目される中で努力を続け、経験を重ねていくと、評価が上がり、昇進・昇給しやすくなります。そして、昇進・昇給をするくらい活躍すると、他の部署・他の会社もあなたという人材が欲しくなります。そうやって自分の価値を上げていくことが大切です。

NIKUYO'S
Money Plan

マネープラン
25

本当に大事なことは
マニュアル化できない。
他人が作ったマニュアルに
頼るのではなく、見て真似して、
こっそりメモを取る

マイルールや独自のやり方にこだわらず、周囲の成功事例をどんどん取り入れるということならば、それをマニュアル化すれば、みんなもっと効率的に学べると思っていますよね。それはある一定のところまでは正しいです。そうやってチェーン店などは一定のサービスのクオリティを保っているし、マニュアルから学べることが多いのは事実です。

だけど、**本当にライバルや仲間に差をつけたいのなら、マニュアルに載っていない大事な要素を観察しながら盗む必要があります。**よく仕事でメモを取ることが大切だと言われていますが、若い人や新人さんは「それマニュアル化してください」と思いがちです。

シンプルな事実として、**マニュアルに載せられることはオールマイティーな事項だけで、臨機応変な対応はマニュアルに載せられません。だからそういった場合のためにメモを取るのです。**でも「メモを取って！」と仕事を教えてくれる先輩はかなり優しい先輩です。プロの世界では仕事は、教えてもらうのではなく、自分で見て、真似て、ノウハウを盗むのです。

「大事なことは盗む」これは別に窃盗をしろとかそういうことではなく、標準から外れた言語化できないことは「見て、盗んで」自分のものにするということです。私はずっとこのことがよくわからないでいたので、出世のスピードも速くありませんでした。もしかすると私が体育会系の学生時代を過ごしていたのなら、もっと早くこの真実に気付けていたのかもしれません。

私は頭でっかちで自分ばかりにとらわれていた人間だったと思うのです。私が「私らしく」や「自分らしく」という表現を苦手に思うのはもしかすると、過去の私が人一倍「私らしく」や「自分らしく」にこだわってしまい、時間をロスしたと思っているからなのかもしれません。

はじめにでも話しましたが、時間こそが個人にとって最も大切な資源であり、財産です。このことにもっと早く気付けていたら、もっと沢山の経験をすることができたかもしれない。そう思うと悔しいから、私は私から時間を奪った「私らしさ」や「自分らしさ」という考えに恨みさえ持っています。

でも、今思うと、「自分らしさ」にこだわりすぎて、効率的な経験の獲得方法に気が付くのに時間がかかったからこそ、気付いた時にすごく「悔しい」と思ったのです。だからこのことを「誰かに教えたい！」と強く思うことができたのです。そう考えると「私らしさ」や「自分らしさ」にこだわって浪費した過去の時間が、「私ならでは」という未来の自分に役立つ日が来るのかもしれません。

そうやって成功事例を言語化しながら着実に自分のモノにし、過去の経験を活かしつつも、枠にハマらず、創意工夫を続けて「私ならでは」を実践し続けましょう。そうすれば周囲はあなたを必ず評価します。この行動を続けていけば一生食いっぱぐれることはありません。みんながあなたを必要とします。

NIKUYO'S
Money Plan

マネープラン
26

お金を増やすには しっかり言語化する力と 相手を知り、信用を得て 本当のニーズを聞き出す 雑談力が必要

文字化されないマニュアル化されないような仕事のコツを盗む技術を手に入れたら、これからＡＩ（人工知能）やロボットが急速に進化したところで、怖くありません。何故ならＡＩやロボットは既にあるルールやマニュアルに従って考えたり、行動したりするものです。でもルールやマニュアルに載っていないことは苦手です。将棋やチェスなどでＡＩが人間に勝つようになってから久しいですが、それはルールのあるゲームで、マニュアルや勝ちパターンがあるものだからこそ、勝てるのです。

ビジネスの世界ではルールは一応ありますが、細かいことまでは決まっておらず、言語化されていない技術が沢山あります。それを習得しようと、頭を働かせ続けていれば、ＡＩやロボットに勝てるのです。もしくは**自分の仕事や言語化されていないコツをどんどんマニュアル化する側の人間になれば、仕事はこの先もずっと安泰でしょう。**

思考停止をして、教わった通りにやる仕事しかしていない人はＡＩやロボットな

どんどん置き換えられていくでしょう。そうならないためにもこれからの仕事で大切なことは、

①自分のやっている仕事をしっかり言語化して理解し、説明する力
②非言語のノウハウを言語化して自分のものにする力
③①②をマニュアル化し、システム化する力

です。

こういう風に書くとすごく難しいことを要求しているように感じますが、すべて今までの仕事の基本と同じですよね。ここでは改めて、具体的にどう実践すれば良いかを一緒に考えてみましょう。

たとえば、銀行の窓口でお客様に金融商品の提案をする仕事をしているとしまし

ょう。あなたの仕事は広く一般的に言うと「営業」です。つまり自分に課されている商材（金融商品）をお客様に買っていただくことです。あなたは銀行の正社員として商品を販売するので、銀行の顔です。だからまずコンプライアンス（法令遵守の原則）に従って、お客様に誤解を与えないよう、しっかり理解していただいた上で商品説明をしなければいけません。

……と、だいたいこのあたりまではマニュアル化されているでしょう。また定期的に顧客へのフォローや状況説明、新規顧客の掘り起こしもしなければお客様の層はなかなか厚くなりません。そうしたことをするための電話や訪問の頻度あたりもマニュアル化されています。当然、銀行員らしい信頼できる清潔感のある髪型や服装や詳しい商品知識というのも求められますが、それもマニュアルにあるでしょう。でもそれだけでは売れません。

営業の仕事で大切なことは、挨拶やお礼やフォローの情報提供をしながら、お客様に興味関心を持って、相手を深く知り、本当のニーズを聞き出すことです。そのためには会社の資料やマニュアルに載っていない顧客属性も聞き出し、心を許してもらわなくてはいけません。また信用をしてもらうための雑談力も必要になってくるでしょう。

マニュアルにない、テクニックが実は沢山あります。

NIKUYO'S
Money Plan

マネープラン
27

大事なことや、気が付いたことは、必ずメモし言語化する。お金を手にし自由な人生を獲得する金言集に

大きな組織では、おそらく先輩にＯＪＴ（オンザジョブトレーニング＝実際に後輩を経験者の仕事に同行させて仕事のやり方を見せるトレーニング）をさせてもらう機会があると思うので、その際に先輩からコツを盗み取るのは効率的ですね。特に先輩が上手く顧客属性を聞き出せた時や商談に成功した際などに、「どうしてその質問をしたのか？」「どういう風に情報を読み取ったのか？」「どういう情報を相手に提供し、会話して信頼を勝ちえたのか」を言語化することが大切です。

逆に先輩がお客様を見限った時も（実は、営業ではこちらの方がとても多いので重要）どういう情報を見聞きして、お客様の取捨選択をしたのかを知ることも大切です。

快く教えてくれる先輩もいれば、そうでない先輩もいるでしょう。だから**大事なことや気が付いたことは、自分でメモして言語化しておくことが大切です。**機会があればそれを直接先輩に聞いても良いですし、そのメモをもとに他の先輩に質問して聞いてみるというのも有効でしょう。

このように、あらゆる仕事で仕事を言語化することをやってみてほしいのです。私の実体験から、たとえば金融機関の窓口で商品販売をする仕事を言語化してみますね。

・金融機関の社員として金融商品を顧客に販売する仕事
・売る際の法令やルールを遵守する仕事
・身ぎれいにし、こざっぱりして顧客に安心して話を聞いてもらう仕事
・沢山の顧客にアプローチしフォローや挨拶をして信頼を勝ち取る仕事
・話題を豊富にして、市場のニュースをよく見て、自分なりに消化して顧客にわかりやすく説明する仕事
・コンプライアンスに触れない範囲で適切な質問をして、顧客属性を深く聞き出し、真のニーズを聞き出し販売につなげる仕事
・顧客から他の顧客を紹介してもらえるくらい信頼を勝ち取る仕事

となります。

こういう風に**自分の仕事を言語化して、解像度を上げておけば、おそらくどの業界に行っても活躍できるでしょう。**マニュアルはある程度は役に立ちますが、実践的なことまでは書いていないことがほとんどです。それを言語化できれば、今度は新しく言語化してシステムを作る側に回る仕事もできるようになります。

NIKUYO'S
Money Plan

マネープラン
28

ＡＩに勝る人間のセンサー能力。五感を活用して、信頼を得るコミュニケーション能力を持つ

仕事をして、お金を稼ぎお金を増やし、幸せな人生を送るためには、これまで話してきた言語化能力に加えて、コミュニケーション能力が必要になってきます。そう、言語化されていないコツを聞き出すのもコミュニケーションですし、仕事相手（顧客・上司・同僚）の信頼を勝ち取るのもコミュニケーションだからです。

ＡＩ（人工知能）もコミュニケーションはできますが、現状ではマニュアル通りで、表面的なものになることが多いです。まだまだＡＩの学習量自体が足りていないことや、ＡＩがやり取りの判断をするのに使う情報が視覚情報や音声情報などに偏っているからです。

もう一つ、人間がＡＩやロボットに勝てる点、それはセンサーとしての能力です。視覚・聴覚だけでなく、嗅覚、味覚、触覚。人間は機械が持ち合わせていないような高精細なセンサーを持っているのです。それらを十分に活用しながらコミュニケーションを取った方が相手から得られる情報量が多いでしょう。

さらに**感じたことを言語化する能力もまだまだ人間の方が上です。**こういった能力に磨きをかけておけば、将来的にも食いっぱぐれることはないでしょう。

ＡＩの進化により、語学についてもどんどん翻訳の精度が高まってきました。なぜかというと語学はある程度規則性があり、インターネットの時代になって、参考にできる文章も会話もネット上に大量にある状態なので、ＡＩが学習しやすく、その学習量がどんどん増えているので、精度が上がってきているからです。そうすると語学の勉強の仕方や活用の仕方も変わってくると思います。

ある程度の文法の基礎的なことを押さえたら、語学学習の中心は実践的なコミュニケーションとなり、翻訳機や翻訳アプリを前提とした勉強が中心になっていくでしょう。そして翻訳機や翻訳アプリでよく出てくる単語やフレーズを中心に覚えていくようになるのではないでしょうか。

またＡＩがスピーカーとなって会話を練習するアプリも増えてきました。こちらも話した内容をテキスト（文章）化してくれて、修正や正しい使い方を教えてくれる優れモノです。

言語というのは本来、ヒアリングにしてもスピーキングにしてもコミュニケーションを中心にエピソードごとに記憶するのが、効率が良いと言われています。海外留学が語学力の向上に大きく役立つのも同じ理由からです。そうすると**上手くAI翻訳などテクノロジーを使いながら、コミュニケーション中心の学習をしていけば、以前より習得のスピードが上がるのではないかと思っています。**

AIやロボットの進化で時代が変わっていく中、仕事をしていく上で大切なこととして、

- **言語化されていないものを言語化する力**
- **五感を活かしてコミュニケーションを取る力**

という2つをあげました。
この先もずっと仕事をしていく上で大切であるとお話ししましたが、どうやって鍛えれば良いか?ということになってくると思います。

言語化する力は本を読む、自分で文章を書くということに尽きると思います。本を読むことで語彙や考え方やフレーズなどを増やし、それをアウトプットする訓練をする。日記や自分用のノートでも良いですが、情報のセキュリティやコンプライアンスに気を付けながら、それを公開情報としてnoteや匿名ブログなどに書き出すことを勧めます。

また、もしあなたが業務で日報や週報を書いているなら、時間をかけて、より上司に伝わりやすいように考えて書きましょう。報告をするために日常業務も言語化する癖がつくはずです。仕事で報告業務がないなら、別の方法があります。最近になって、もっと身近な言語化のトレーニング方法があることに気が付きました。それは俳句・短歌・川柳・詩歌です。

超無粋な人間である私は「お金につながらなそう」と考え、恥ずかしながら、いずれも軽んじて生きてきました。でも五感で感じたことや気付きを言語化する短歌や俳句や詩歌は、言語化を習慣づけるための最良の基礎トレーニングではないかと最近になって気が付きました。センサーとしてのトレーニングにもなります。50歳目前になっての気付きです。人生の先輩方が俳句や詩歌を楽しむ意味がようやくわかりました。そういうことをSNSで投稿しても良いし、何かのコンテストに応募しても良い。ゲーム感覚で遊びながら言語化する面白さを楽しみましょう。私も次の一首を作ってみました。

目に見える　耳で聴こえる　あれこれを　ことばにするは　いとをかしかな

NIKUYO'S
Money Plan

マネープラン
29

コミュニケーション能力は失敗しても量を確保。自分のデータベースに蓄積、分析して鍛える

五感を活かしたコミュニケーション能力を磨くには、愚直に量をこなすしかありません。よく「自分はコミュ障だから量をこなすなんてできない」と言う人がいますが、私も本来はコミュ障です。できれば人と関わらないでいた方が気楽な性質です。どのくらいコミュ障だったかというと、地元から離れて知らない人ばかりの高校に放り込まれた時に、知らない人と話すのが苦手で、一学期の間ほとんど周囲と口がきけませんでした。大学でも友達が全然できず、学食に行くのが怖くて、生協で買ったおにぎりをトイレの個室で食べていたような人間です。

でも今は自分で言うのもなんですが、だいたいの人と円滑にコミュニケーションを取れていると自覚しています。それができるようになったのは社会人になって、ある程度強制的にコミュニケーションの基礎を研修で学んだことや、そこで下地を作った後に、友人のお店を手伝ったりして、コミュニケーションの量をこなし、対応経験のある人間のデータベースを増やしたからだと思っています。

コミュニケーションを交わした後、一人の時間にその内容を振り返り、反省をしつつ、自分の記憶のデータベースに取り込むことで、コミュニケーション能力はどんどん改善されます。それに加えて、上手な人から技を盗むということも大切です。そうすればコミュニケーション能力はさらに改善されるでしょう。

コミュニケーションが苦手な人はまずお金を払ってコミュニケーションを学びましょう。座学でも本でも良いので、基本を教えてもらいましょう。基本を身に着けたら、次の段階でボランティアなど、お金を貰わない仕事をしながら、実践してみましょう。いきなりお金を貰うとプレッシャーがかかりますからね。そして熟れて(こなれて)きたら、それを仕事に活かしましょう。

私は元来、根が貧乏性なのか、ボランティアに対して「やりがい搾取」と考え、あまり良いイメージを持っていませんでした。でも年齢を重ねるにつれて「良いお試しの経験の場」になると考えられるようになり、もっと上手く活用していれば……と後悔しました。そういえば、アメリカの一流の学校や会社では面接でボランティア経験などを確認しますよね。このように経験を重ね（できれば五感を活用できるリアルな状況が望ましい）、一つ一つのコミュニケーションを振り返り、着実にモノにしていけば、能力を磨くことができます。

ただし、**振り返りは必要ですが、あまり深く振り返りすぎないでください。自らが基本に忠実なコミュニケーションを実践したかを確認し、それができた上で上手くいかなかったのなら、レアケースと考えて、サンプルとして観察するというクールさも忘れないでください。**私だってすべての人と完全に良好なコミュニケーションを交わせるわけではありません。大切なのは量と経験値です。「完璧」にこだわらないでください。そしてこの能力を磨くと、圧倒的に人生が生きやすくなります。

NIKUYO'S
Money Plan

マネープラン
30

納得いく
コミュニケーションをするには、
第三者の視点を持って
対話することを常に意識する

コミュニケーション能力の向上については、時間がかかる人もいるでしょう。先ほど書いたように私も本来がコミュ障なので、コミュニケーションが上手くいかなかった時などは3カ月くらい引きこもってしまった時期もありました。それでも自分を励まして、奮い立たせてコミュニケーションのトレーニングを続けることができたのは、それが生きていく上でも絶対に必要な能力だと考えたからです。どう生きるにしても、人間社会で人生を送るにはコミュニケーションを避けて通ることはできません。

私だって、納得いくコミュニケーションができるようになったのは40歳を過ぎてからです。大丈夫。いくつになっても遅くはないので、愚直に量をこなしてみてください。

本来がコミュ障の私に、「どうやってコミュニケーション能力を磨いたの?」と質問をいただくことも結構あります。私自身はそんなに凄いことだと思っていなかったのですが、普段から心がけていたことがあります。それは**自分でも、相手でもな**

い、客観的な視点を持つということです。

これはもしかすると、私が21歳の時からステージに立って、ショウタイムをやっていくうちに培った能力なのかもしれません。まず発信・表現をする側として、自分のやりたいことを考えます。次に客席に座ったりして、お客さんの側からの視点というのを考えます。それに加えて客席のちょっと上の方から、その両方を眺めるような視点というのを考えます。そうすると、演者とお客様の視点が上手く噛み合って、良いステージパフォーマンスができるようになるのです。

もちろんこんなことは21歳の若造が初めから実践できたことではなく、周りの先輩や、同世代の演者を観ていくうちに学んだことです。私はもともと「自分らしさ」「私らしさ」にこだわりすぎていた過去があると言いましたが、ステージは残酷なもので、ダイレクトにショウの出来が客席から伝わるのです。そのたびに私は一人反省会を開いて、他の人の成功のコツは何かを考え、徐々にその第三者の視点を獲得していきました。

友達のお店を手伝っている時もその視点を大事にしていました。自分が水商売をする際に**課した課題は、「これが全国にテレビ中継されたとしても、成立するような接客」です。**飲み屋特有の過度な下ネタやボディータッチなどはせず、テレビで放映できるクオリティの接客を心がけました。

もちろん毎回上手くいくわけでもなく、失敗する時も沢山ありましたが、その目標のおかげで、自分とお客様とそれを映すカメラマンの視点も持ちながら営業ができるようになりました。

その経験が、今やっているYouTubeなどに生きてきたなと、今は思います。そしてYouTubeはそれらの今までの経験を実際に映像に落とし込む仕事だと思ってやっています。まだまだ至らない点もありますが、これからもこの客観的な視点を大事にしながら、ちょっとずつ前進できたら良いなと思っています。

ったら、成長スピードが速くなります。でも個性を自覚するのは簡単なようで難しいですよね。だから一生懸命探さないといけないし、自分の個性に気が付くことができたなら、一生懸命磨かなければならないのです。

また、個性というのは一人、家の中で自問自答して気付くものではありません。やはり外に出て、沢山の人に出会うことで気付いたり、明らかになったりするものなのです。自分の目や鏡だけでは映せない部分（死角）が人間には必ずあります。だから他人の目に映る自分、他人の心に映る自分を、コミュニケーションを通じて知る努力が必要なのです。

他人は自分を映す鏡。そして自分もまた他人を映す鏡。社会とはそのように交互に作用し合って、それぞれの個性に合った仕事や生き方に落ち着いていきます。特に若い時は、他人と自分を比べて劣等感などに苛まれることも多いけれど、大切なことは「人と比べること」でなく「自分の個性を磨いて、活かしきること」です。このことに気が付くと、人と比べて落ち込んだり、嫉妬したりということも少なくなっていきます。

人生はあっという間です。個性という名の「コアコンピタンス」を磨いて、自分株式会社を順調に成長させていきましょう。

COLUMN 3

大切なのは人と比べることではなく、自分の個性を磨いて活かすこと

歌手の槇原敬之さんが作った傑作の一つに「世界に一つだけの花」という歌があります。私はこの歌も大好きなのですが、世の中の解釈に多少、違和感を覚えています。第3章のマネープラン23でもお話ししましたが「Let It Go（ありのままで）」の歌詞と似たような違和感です。どのような違和感かと言うと「みんなそのままで良いんだ」という「無条件の自己肯定ソング」という解釈をしている人が非常に多いことに対する違和感です。

これも野暮の骨頂であることは百も承知ですが、言わせてください、「それは拡大解釈です」と。確かに「世界に一つだけの花」は自己肯定を歌った歌ですが、世の中はそんなに甘くありません。槇原さんがこの歌で言っているのは、手放しでそのままで、ありのままで良いと言っているのではなくて、「個性を一生懸命に磨け」と伝えているのだと思うんです。

個性というのはある意味、その人に備わった「コアコンピタンス」と言えます。「コアコンピタンス」とはビジネス用語で、会社の中核となる強み、または他社に真似できない核となる能力のことです。「コアコンピタンス」が明確な企業がその強みを活かすと、成長しやすいように、個人も自分の個性を磨いて、明確にしてい

第4章

お金を安全に持ち続けるためのマネープラン10

NIKUYO'S
Money Plan

マネープラン
31

投資では時間は最強の武器。
長期投資が基本だが、
市場のからくりを知るため、
信用取引や先物取引のしくみも
押さえておこう

時間。それは私たち人類が持つ、最高かつ最強の資源であります。

世界一の投資家と言われているアメリカのウォーレン・バフェットさんも「資産10兆円90歳の私より資産0円20歳の若者の方が価値がある」という話をしています。

これは若者には大量の時間があり、90歳の自分には残された時間が少ないということを示していて、つまり**時間こそが人間に与えられた最も価値ある資源である**ということを言っています。

私もこの考えに深く同意します。でもなぜか若い頃にはなかなかこの真理に気付けず、人生の残り時間が少なくなった、ある程度の年齢にさしかかって初めて気が付くことでもあるのです。そしてこの時間は個人にとって、投資をするにも最高かつ最強の味方であり、武器でもあります。

投資における時間の使い方について、資本主義の市場では、長期ではなく短期の利益を狙う投資家も沢山います。

そういった短期での利益を狙う取引の一つに、「信用取引」と呼ばれるものがあります。これは証券会社などの仲介会社から現物や資金を借りて、少ない自己資金で、より大きく相場でお金を動かすことができる取引です。また、「先物取引」と呼ばれる先日付（未来）に一定の価格で売買の約束をする取引があります。

たとえば先物取引をした時点で「売る」と決めた価格よりも、実際の取引時点の価格が下がっていれば、安い価格の現物を買って、それを先物取引の価格で売ることで差額を利益として受け取れます。

原理をさらにわかりやすく説明すると、10日後にリンゴを１００円で売るという取引をします。10日後にリンゴの値段が市場で80円になっていれば、市場で80円のリンゴを買って、それを取引相手に売ると20円の利益が出ます。

同じように先物取引で「買う」と決めた取引価格よりも市場の価格が高くなっていれば、先物取引で買ったものを市場で売れば差額分を利益として受け取れます。これも簡単な原理をリンゴでたとえると、10日後に100円で買うという取引をしました。10日後にリンゴの価格が120円になっていたら、その取引通りに100円でリンゴを買って、市場で120円で売れば、20円の利益が出ます。

先物取引は価格が上がっても下がっても、「売り」と「買い」を上手く使い分ければ、上昇局面でも下落局面でも儲けることができるのです。

NIKUYO'S
Money Plan

マネープラン
32

資本主義市場において、大方の参加者は善良に未来を考えて投資している。怖がらずにトライ！

もともとは価格変動のリスクを回避するために作られた先物取引ですが、先物取引と信用取引を組み合わせると価格を動かしながら、少ない自己資金で大きく儲けることが可能です。ただし失敗をすると大きく損をする可能性もあります。

自分と同じような動きをすると考えている人もいれば、違うように考えている人も沢山いますからね。

こういった信用取引や先物取引などの市場の機能を、本来の目的外で利用する投資家もいますし、もともと資金力がある投資家の中には、より短期の動きで利益を狙う人たちもいます。こういった人たちが「短期筋」と言われています。

人間の集まりである資本主義市場には、実社会と同じように、いろいろな思惑の人が参加しているのです。

では、私たちの生活で考えて、そういう人たちがいるから、リスクがあるから、危ないから、外には出ない、社会と関わらない、という人はいるでしょうか？　いないですよね。

一般社会の大方が善良なように、**資本主義市場も大方の参加者は善良に未来や将来の世界を考えて投資をしています。だからこそ、問題を抱えながらも長期で資本主義は成長し続けているのです。**

もちろん私も市場が万能であるとは考えていません。バブルのような高騰を起こすこともあれば、リーマンショックやブラックマンデーのような暴落を起こすこともあります。でも長期で考えると、善良な投資家たちに支えられ、世界経済は成長し続けて、株価もそれに連動していきます。絶対とはいえませんが、そうなる可能性が高いと私は思っています。そういう風に未来に期待して、投資をした方が楽しいからです。

ただし、何事も過信というのはよろしくないので、適宜分散して投資をするのが大切です。期待はしつつも信じすぎず、適度な緊張感を持って接する。人間関係と同じです。過信をしてすべてを賭けるというのは投資ではありません。博打です。あまりに集中して賭けていると酷い場合には心中のようになってしまいます。

人生に逆転一発ホームランがないのと同じで、投資にも逆転一発ホームランはありません。だからコツコツ当てて、経験を重ねていくしかないのです。ヒットを打ったら、打ったで分析。失敗したら失敗したらで分析。そうやっていろいろと試してみましょう。年齢を重ねて、経験が増えるとコミュニケーションが上手になるように、投資もコツコツと経験を増やしていくと上手になります。

もちろん実社会がリスクゼロでないのと同じように、投資もリスクゼロではありません。コツコツとヒットを打ってくれて、期待していた、信頼していた会社が突然不祥事を起こして、破綻といったところまで追い込まれてしまう場合もあるでしょう。特に今の時代はSNSで評判があっという間に拡散してしまう時代です。昔よりも炎上のスピードは速まっています。だからこそ、分散という概念が大切です。そういったこともあり、手数料はかかりますが、適正な距離を持って、手軽に分散投資ができる投資信託を私はお勧めしています。

NIKUYO'S
Money Plan

マネープラン
33

私たちは時間を味方に長期投資家になってコツコツ分散して買い続け、長期保有で利益を得る

それでは、私たち一個人はどのように資本主義市場と向き合って投資をすれば良いのでしょうか。答えは**コツコツと時間をかけて分散して買い続け、購入単価を平均化して、投資をし続けるということです。**これは短期勝負の投資家にはできません。なぜなら、彼らは決まった期間に利益を出さないといけない宿命を持っているからです。

それに対して私たち一般投資家は市場を見ながら、コツコツと分散して買い続け、長期で保有をし続けて、経済成長と株価の連動で生じる収益を得るチャンスがあります。**時間を味方にして長期投資家になること。それが一般的な個人投資家が市場で上手くいくコツであると私は考えます。**

私がお手本にすべきと言い続けているGPIF（年金積立金管理運用独立行政法人）も、そういった長期投資家の一人（一組織）です。また、生命保険会社もそれぞれ立派なビルを沢山持っていたり、社員の給与が良かったりしますよね。

生命保険会社は保険自体の仕組みで儲けているというのもありますが、加入者に長い期間、保険料を支払ってもらって、それを長期的視点で運用するから、しっかりした利益が出せるのです。生命保険会社の持つビルが各地にありますが、不動産に投資するというのも長期で保有してしっかり利益を取ることを考えて、投資をしている一つの表れであります。

私も金融の世界で証券会社、銀行、生命保険会社と渡り歩きましたが、最終的に生命保険会社が一番居心地がよく、長く勤務できました。それもこういった長期的な視点で投資、運用をしているからこそ、あくせくせずにしっかりと利益を得られていたのが理由の一つだと思っています。

NIKUYO'S
Money Plan

マネープラン34

市場が暴落しても、新NISAは売らない方がいい。ちょこちょこ買いの設定で、購入単価を平均化する

個人も余裕資金で参戦すれば、年金基金や生命保険会社と同じような大きな果実を手にすることができるチャンスがあります。そのためには**すぐに使う予定のある資金を倍にしてやろうというような、投機的な発想で投資をしてはいけません。**

市場の上がり下がりは短期投資家の思惑や、景気の波などで変動するものです。そういった波を待って、持ちこたえられるような資金で投資をすることを勧めます。

私は、市場に張り付くことができる専業投資家以外の人は、投資は自己資金で行うのにとどめ、信用取引や先物取引はするべきではないと思っています。

ただ、新ＮＩＳＡスタートで、国も金融機関も「長期・分散・積立」と口を酸っぱくして伝えていたにもかかわらず、２０２４年8月初旬に起こった暴落で、年始から新ＮＩＳＡで投資を始めた人たちも狼狽して売ってしまったというニュースがありました。もちろんこの先を保証することはできませんが、非常にもったいないと私は思いました。

特に**新ＮＩＳＡのつみたて投資枠で売られている投資信託は分散が効いて、手数**

料も手頃な長期投資に適したラインナップとなっています。持ち続けていれば、十分に価格が回復する可能性があるものばかりです。しかも新ＮＩＳＡは２０２４年に始まったばかりの制度なので、最長でも８カ月くらいの、短い投資期間ということになります。

大きな下落ということで、狼狽して売ってしまった人は非常に短期的視点で市場と付き合っていたことになります。また、大きな下落は裏を返せば、良い買い時でもあるのです。積立投資の設定などをしていれば、こういった価格下落時に買って購入単価を下げて、収益を出しやすくするチャンスだってあったのです。

NIKUYO'S
Money Plan

マネープラン
35

情報収集は、普段のニュースで十分。世界的な大企業の破綻などの問題が起きていないなら悲観する必要なし

２０２４年8月に起こった暴落は、「もしかしたらもっと下がったらどうしよう」という人々の不安心理が働いたのかもしれませんね。たしかに２０２４年8月初旬の値動きは突然で驚きましたが、何か急激な経済の変化があったわけでもなく、企業業績もそんなに悪くありませんでした。

たとえば日本株でいうと、日本経済新聞の記事によれば、上場企業の２０２４年4〜6月期決算は、全36業種の8割にあたる27業種の純利益が、前年同期よりも増えていました。国内の個人消費は引き続き強くはないですが、実質賃金も直近の6月から前年同月比でプラスになり、これも酷いという状態とはいえません。

またアメリカの雇用統計という指標が悪化して、アメリカの景気後退やバブル崩壊という連想をする人もいたかもしれませんが、そもそもアメリカは高い金利で経済の引き締めをしている状況なので、金利を下げて企業活動や経済活動を活発にさせる余地が大いに残っている状態でした。どこかの大企業が破綻したとか、倒産したとか、そういった大問題やクラッシュが起こっているなら、大恐慌が起こる可能性もありますが、そうでない状態で、そう悲観的になる必要性を私は感じませんでした。

ちなみに今、私が説明した内容は、普段のニュースでも流れている情報です。そういう背景が頭に入っていれば、今回はまず短期的な取引をする人たちが、思ったよりも値動きがあったために狼狽売りをして、それに続いて、もともと暴落を避けるために価格がある程度下がったら自動的に売るという設定をしていた、投資信託などのファンドが、価格がそこまで下がってしまったために売り続け、さらにその動きに動揺した個人も売り、市場が一時的にパニックになったということが判断できるのではないでしょうか。

たしかに、ニュースで直接的に「明日株式が暴落します」というようなことは言ってくれません。だから、ある程度ニュース（情報）の蓄積というのは必要となります。また、普段から好奇心を持って、ニュースに接し、わからないことなどがあったら、放置しないで調べてみるといった姿勢が必要になってきます。

「自《じ》調《ちょう》自《じ》考《こう》」。これは私が通っていた高校の校訓でしたが、大人になってあらためてその大切さを日々感じます。投資をしていると、お金を払っている分、自動的にアンテナ感度が高まり、好奇心を持ってニュースに接することができるようになります。日々そういうことの繰り返しをしていけば、ニュースから様々なことを考えることができるようになります。

もし、株式市場に相当の感心を持っていて、細やかな取引を希望しているならば、朝の経済ニュースを観るのをお勧めします。なぜかというと近年、日本の株式市場は前日のアメリカ市場の影響を受けやすいからです。また、為替の円高と円安の影響を受けるので為替の状況も日本の市場が始まる前に把握しておくと良いでしょう。把握したことから当日の動きを自分なりに予想し、その日の株式市場がどのように動いたかを検証していくと、段々とその動きがわかるようになってきます。まさに仮説と検証。投資もある意味、科学なのだと思います。

NIKUYO'S
Money Plan

マネープラン
36

為替の変動が怖い人は
国内資産に投資の軸を移す。
市場の下落にも強い債券を
組み合わせたバランスファンドに

私は2024年8月にいったん売ってしまった投資の新規参戦組の方たちを責めるつもりはありません。私自身はマネープラン34のように売らない方が良いと考えているものの、この先もっと大きな暴落がある可能性だって0だとは言えないのです。もし0だと言う人がいたら、何か特殊な能力を持ち合わせた人なのかもしれませんね。私は信じないですが。

この暴落を経て、自分の投資適性や投資への向き合い方がわかってきたという人もいると思います。たとえば、**自分は為替の変動が怖いタイプだと考えるのなら、国内資産に投資の軸を移しても良いですし、オルカンと呼ばれる商品でなく、もっと市場の下落局面にも強い、債券を組み合わせたバランスファンドに切り替えるといったことをすれば良いのです。**

長い目で見れば、投資の失敗は、失敗ではありません。すべて経験です。むしろ売ってしまった原因や理由などをしっかりと振り返ることができれば、次からの投資に活きてきます。そう考えると早い段階で〝狼狽売り〟を経験して、長期で考えればむしろ良かったと考えることだってできるんです。投資が博打と違う理由は、この点にあると思っています。

時間をかけて投資をするには、投資に回せるお金を作り続けなくてはいけません。お金持ちであれば投資の収益を再投資して、また増やしていくということでも十分だとは思いますが、一般市民は元手が小さいところから始めるので、それだけでは足りませんよね。

だからこそ、私たちは働き続けて、稼ぎ続けていかなければならないのです。**稼いだお金から生活資金を切り分けて、余裕資金を捻出し、投資に回す。**

なぜ少しずつでも投資にお金を回した方が良いのかというと、私の前著でも触れたフランスのトマ・ピケティ著『21世紀の資本』でも語られているように「r＞g」という現実があるからです。この不等式の「r」は資本収益率を示し、「g」は経済成長率を示しています。これは資産（資本）によって得られる収益、つまり資産運用で得られる収益は、労働で得られる収益よりも成長が大きいということを意味しています。したがって、労働でしか収入を得られない人は資産を持っている人に比べると、相対的に裕福になれないということになります。資産を持たないとお金の面では負け続けるのです。

だから「労働で稼いだ余剰資金を少しでも資産化しましょう」ということになります。投資とはつまり、稼いだお金の資産化を意味します。昭和や平成初期くらいまでは銀行に預けていれば、利息がついて、それなりに資産化して収益を生み出してくれました。ただ、バブルが崩壊し、現状では金利が下がって、銀行預金では利息がつかなくなりました。そのような状態の中で、銀行に預けているだけでは収益を生まないで、置いてあるだけという状態になってしまうのです。**今の日本では投資によって、はじめてお金が資産化されると考えると、余裕資金があるならば、少しでも投資をしましょうという考えになります。**

少しでも多く投資に回すためには、生活資金を節約する方法と、稼ぐ力を大きくする方法の二つがあります。それについては次のマネープラン37でお話しします。

NIKUYO'S
Money Plan

マネープラン
37

投資資金を捻出するためには働いて収入を上げる方向で努力を

長期で投資を続ける資金を得るために必要なのは、私の前著や129ページでも取り上げた「人生は経営だ」という考えです。投資資金の捻出を会社の経営として考えると、売上高を伸ばして、会社に入ってくるお金を増やすか？　それとも経費やコストを抑えて、利益を捻出するか？　経営感覚が問われてきます。

結論としてはどちらも大切です。だからどちらも当然実行してください。というと鬼のような感じになってしまいますし、ちょっとしたブラック企業のようです。頑張りすぎると副作用として身体を壊したり、家庭が崩壊したりします。バランスが大事だと片づけてしまえば、あらゆることはその通りとなってしまうのですが、ここで、この本のキーワード「時間」という概念を使ってこのバランスを考えてみましょう。

会社の売上高にあたる個人の収入を上げるのと、コストの削減。時間をかけて能力を伸ばせるのはどちらでしょう？

私は収入を上げることだと思います。もはや年功序列という時代ではありませんが、やはりノウハウや技術を蓄積した方が、収入は上がります。つまり一般的に、収入を上げるには時間がかかるんですよね。ただ、これも恐ろしいことですが、このノウハウや技術の蓄積は一定の年齢を超えると新たな取得や維持が難しくなります。それはつまり、老化です。

そう考えると、**人間という会社は仕事による売上高を伸ばせる時期が限定されている会社なんです。だからこそ、若い時期にこの売上高の増加を重点的にしないといけません。**老化が始まる50代、60代になってから売上高を伸ばそうと思っても相当大変です。だから若い人には自己投資をして、自分の収入を伸ばすことを大切にしてねという話をよくしています。自己投資の方法は何といっても読書。電子書籍などを使えば文字を大きくして続けられますが、現物しかない本もあります。読めるうちに読んでおきましょう。気付きを得た時に書き込みするのも良いと思います。また旅行を始め、フィジカル（肉体）を伴う経験も若い時でないとしんどいものです。体験のためにお金を使う自己投資は若いうちに取り組みましょう。

NIKUYO'S
Money Plan

マネープラン
38

50歳まで貯金も
投資もできなくても、
毎月6万、70歳まで
20年間投資できれば、
老後2000万円問題は解決

「収入を上げていきましょう」と、マネープラン37で言いましたが、人間には能力差がありますし、運不運というのもあって、売上高にあたる収入を思うように伸ばせない場合もあるでしょう。

そういう時に大切になってくるのはコスト削減技術と、収入を減らさず維持し続ける力です。コスト削減技術はいわゆる節約ということで、私が説明しなくても、世の中に沢山のマニュアルや知恵が出回っています。

収入をキープし続けるのに一番大切なことは健康です。だから50歳を過ぎたあたりから、同年代が集まると一番盛り上がるのは健康の話題です。**少しでも長く元気に働き続ければ、収入がなかなか減らない状況を作れます。**すると投資した分をすぐに取り崩さなくても生活ができ、投資できる期間を長くしていくことができるのです。

たとえばお子さんの教育資金や住宅購入などがあって、50歳くらいまであまり貯金も投資もできなかったという場合もあるでしょう。でも50歳から投資を始めたとしても、70歳までじりじりと働き続けられたら20年間運用ができるんです。**子どもの教育にお金がかかる時期を過ぎ、投資に回せるお金が月6万円くらいできるとしましょう。年利4％くらいの運用成果が期待できる金融商品で、毎月積み立てると、20年後には2183・1万円になります。老後2000万円問題の資金もこれで貯まりますよね。**

そもそもこの老後2000万円問題も、試算の前提条件として、夫が65歳以上、妻が60歳以上の夫婦のみの無職世帯の場合です。また年金額も、夫は平均的な給与収入で40年間厚生年金に加入し、妻は40年間専業主婦だった場合の金額となっています。夫が95歳、妻が90歳になるまでの30年間は夫婦ともに健康の場合、生活費から年金の金額を引くと毎月約5万5000円が赤字になる。だから5万5000円×12カ月×30年で1980万円。約2000万円必要になるということなんです。

でも70歳まで働けば、貯蓄の取り崩しも先延ばしになりますよね。また今は当たり前の共働きだったら年金額ももう少し増えます。そして90歳前後の晩年はそんなに遠出もできなくなって、支出が減っていくと考えると、65歳の時と同じペースで切り崩さなくてもやっていけるのではないかと考えます。

最大の懸案事項はインフレです。だから、インフレに対応できるお金の置き方ができる場所を確保して、必要な分を崩しながら使っていけば良いのです。そういったことを考慮すると、105ページで取り上げたGPIF（年金積立金管理運用独立行政法人）の過去の平均投資利回りがリーマンショックの下落時を含めても約4％というのが思い出されます。同様のポートフォリオの投資信託で、手数料の安いものを選べば、インフレにも対応できる老後の良いお金の置き場になるのではないか、と私は考えます。

NIKUYO'S
Money Plan

マネープラン
39

仕事をし、投資を続けるための一番の自己投資は、健康の確保。エネルギッシュに若くいるためのエイジングケアも大事

収入の維持と資産取り崩しを後ずらしするためには、健康が大切になってくるということがわかってきましたね。**健康の確保は時間の確保につながります。健康でギリギリまで働けばなんとかなる。それが私の一番の老後対策です。**

でも70歳まで元気でいるなんて無理なんじゃないの？という考えの方もいると思いますが、今の70歳は本当に若いんです。

この前、私は縁あってTHE ALFEEさんの結成50周年ツアーに行かせていただいたのですが、高見沢俊彦さんと坂崎幸之助さんは既に70歳、桜井賢さんは2025年に70歳とのことでした。もちろん芸能人だからとか、お金に余裕があるからというのもあるかもしれませんが、とにかく若くてエネルギッシュなステージにパワーをもらいました。

それ以外にも、今年2024年に70歳になる（なった）先輩としては石田純一さんや古舘伊知郎さんや立川志の輔さんなどもいらっしゃいます。みなさんお若いですよね。女性でも秋吉久美子さんや松任谷由実さん、高畑淳子さんや、吉川美代子さんもいます。みなさんまだまだ現役です。もちろん、見られる仕事だったり、健康や経済的に恵まれていたりするからだと言えばそうなのかもしれません。

でも同じようにとはいかなくても、みんな同じ人間なんだから、工夫や努力をすれば何とかなるのではないかと希望も意欲も湧いてきます。**年齢に抗うエイジングケアのことを小ばかにする人もいますが、私は十分投資として認めても良いお金の使い方であると考えます。**ただし、見かけの美しさのためにエステや美容整形に通うということではなく、有効に使える時間を延ばすようなエイジングケアが大切です。それは体力を維持し、健康を維持して、身体のセンサーとしての機能を十分発揮させ続けるための投資です。言ってみれば筋肉と内臓への投資。そのために良いものを食べて、足りない分はサプリで補って、適度に運動をしていくのにお金を使って、楽しい時間を少しでも延ばしましょう。エステや美容整形はさらに余裕がある場合に取り組むことで、優先順位を間違えないように気を付けましょう。

NIKUYO'S
Money Plan

マネープラン
40

働き続けられる居場所作りに
お金を使うことは立派な投資。
収入を長期で得て、
投資を続けるのが一番の老後対策

最後に、年齢を重ねても働き続けられる居場所作りというのは、今後ますます大事になっていくと思います。

私の祖父母は父方も母方も死ぬまで、認知が機能しなくなるまで、ずっと働き続けていました。それは自分で商売をしていたからというのもあると思います。今まで会社員だったし、専業主婦だったし、会社勤めが終わったら、もうそういう場所はないよという人だって、探せば必ずあるはずです。そのためにテクノロジーを使いましょう。

たとえば「タイミー」というサービスがあります。これは急な仕事に対応できる人が欲しい企業やお店と、その時間働いても良いという人のマッチングのサービスです。いわゆるギグワークという働き方にはなりますが、そのサービスには年齢制限の上限がないそうです。

実際にタイミーでは、70歳を超えて活用されているという人も沢山います。割り切って自分の都合の良い時や体調の良い余裕のある時にだけ働けると思うと、使い勝手が良いと思います。タイミーは若者も使うオールマイティーな仕事のプラットフォームですが、それこそ自治体のシルバー人材センター（シルバー人材）に登録したりすることもできます。

また、地方に行くとさらに高齢化が深刻で、人手不足の状況です。過疎化も進み、地方の土地や耕作地は安く買えるので、そこで農業を始めることで、自分で仕事を作ることもできます。最初はベテラン農家の手伝いなどをしてノウハウを蓄積する必要があるかもしれませんが、有望な老後の働き先にもなります。農業はノウハウを必要とする頭脳労働であるのと同時に、肉体労働でもあります。体も動かし続けるので健康にも良いでしょう。

また欲張らずに自分の食べる分だけを作るにしても、その分食費等の生活コストが下がり、運動をすることにもなるので、その面から見ても農業はとても良い働き場所だと私は考えています。

ただ私のように、ヘビがニガテで農業に向いていない人間もいます。そういった人はできるだけ初期投資を小さくしながら、やりたいことにチャレンジしてみましょう。たとえば飲食店。いきなり自分で店舗を出したり、自宅を改装したりということは初期投資がかかりすぎます。お店の空いている時間をマッチングでレンタルしてくれるサービスや、スペースを時間貸ししてくれるサービスが今の時代はあります。そういったところから、まずはお試しで初期投資を小さく、自宅のスペースなどをフル活用して、ネットを駆使して、ステップバイステップで働き場所を作っていきましょう。

このように**自分の働き場所を作るためにお金を使っていく。これは投資です。働き場所があれば、いつまでも働き続けられます。働き続けて収入を継続的に獲得することで、老後の金銭的な不安も少なくなります。**

自分の人生ですから、できれば自分の船のオールは自分で持っていたいもの。でもしそれができなくなっても、公共機関を頼ることだって、日本でならできます。

理想高く、すごくカッコいい老後を送るのは難しいかもしれないですが、もう「老後」なんです。そんなにかっこよくなくてもいいかなと個人的には思っています。

おわりに

良い未来があると思うからこそ人は投資をする。そんな人を私は応援したい。

この本では主に、市場の変化が激しい時代に、新NISAなどを活用した長期投資をすること、働き続けることの目的や意義についてお話ししてきました。投資をすることと仕事をすること、一見すると全く違う活動のように思えますが、一つ共通点があります。それは未来を考えないとできない活動であるということです。

「良い未来がある」と全く思わない人は、投資をしません。なぜなら、ろくでもない未来になる前にお金を使ってしまった方が良いと思うからです。同じように良い未来があると思わない人は働きません。労働を通じて経験を重ねても、それが活きてくる未来がないからです。そして投資もせず、働いて経験を重ねもせず、刹那的に今を楽しむことに時間を使ってしまうでしょう。

ろくでもない未来が来る可能性は、ゼロではありません。また、より良い未来が来ると信じていても、不慮の事故や病気、事件に巻き込まれて、未来がなくなる可能性だってゼロではありません。事実、戦争や紛争が行われている地域ではその可能性と日々隣り合わせの生活を送っている人が沢山いますし、実際に犠牲になっている人々もいます。

私たちはいつも試されています。ろくでもない未来を予想して刹那的に生きるか、良い未来を信じて、投資をして、働いて経験を重ねるか。

私は良い未来を信じたい。資本主義の未来を信じたい。そう思って生きています。だから、この本では投資や働きながらの「自己変容」ということを、繰り返し、お話ししてきました。

個人の力はとても小さなものです。元来、楽観的な私でも現代の資本主義にある、とてつもなく大きな格差に打ちひしがれる日もあります。それでも働きながら、自分にとっての良い未来を信じて、たとえ小さい力でも時間をかけて仕事を継続していこうと思っています。そうすると確かに何かが変わります。少なくとも自分自身は変わります。

変わること、それは希望です。希望を紡ぎ続けていくには水や肥料を与えていかなければなりません。資本主義社会で、それは「お金」と「時間」です。自分自身に水や肥料を与えて、労働を通じて経験を重ね変わり続ける。同様に育ってほしいと思っている会社に、水や肥料を与え続ける。小さな力でも、時間をかけるときっと変わっていくはずです。

もちろん世の中はそんなに甘くなく、時間とお金をかければ良い未来が必ず来るとは限りません。でも何も変わらない現状よりも変化が起こると、失敗したとしてもそこには学びが残ります。

そして学びを通じて、今度は望ましい未来の道しるべが見えてくるのかもしれません。そうしたら、またそこから時間をかけて、水と肥料をあげれば良いのです。

そういう繰り返しで人間社会は、資本主義社会は進化していきました。バブル崩壊後、その後遺症で内向きになり、変化を拒み、投資よりも貯蓄を考えて、国や社会に長い間水や肥料を積極的に与えず、成長の機会を逃した日本にとって、新ＮＩＳＡはその転換や復活のきっかけになる制度だと私は思って、期待しています。

もちろん新ＮＩＳＡが万能な制度だとは思っていません。現状でも外国株の投資信託（オルカンやＳ＆Ｐ５００の株式型投資信託）への資金流入があり、それが日本人の資産が海外へ流出する本格的なきっかけになったとする意見もあります。

それでも、新ＮＩＳＡの資金の５割近くが日本株に流れたということも言われています（日本証券業協会調べ）。特に人気だったのは長

おわりに

期の投資にも向いた高配当銘柄のようです。
銘柄の選別をしながら、みんな、より良い未来に近づく方法を模索し始めたのではないでしょうか。

新ＮＩＳＡを始めたばかりで、今年の８月に試練のような暴落と暴騰を経験して、狼狽売りをしてしまった人も含めて、学びが沢山あった２０２４年の上半期、これからもアメリカの大統領選などを控えて、為替も株も大きな変動が予想されます。日米の金利の動きも、世界の紛争の情勢も気になります。

そんな中でもめげずに現状を分析し、労働や投資による学びを活かして、変化に対応しながら、より良い未来を信じ、自分たちも変わり続けていくしか、ろくでもない未来の可能性を小さくする方法はないのです。

私たち一人ひとりには小さな力しかありません。でも沢山の人が共感できて、幸せと感じる未来の方向性に気付くことができたら、それはやがて、大きな力に変わっていくのではないでしょうか。

「投資」と「労働を通じた経験」は未来を信じ、考えながら動くきっかけになります。小さな一歩で良いのです。日々少しずつ、経験を重ね、未来のことを考えながら、余裕資金を投資に回していきましょう。

お金の流れを通じて、未来を考え、経験を重ね、学び続けましょう。そしていつかあふれる幸せを感じられる日が、あなたにも来ることを祈っています。私も考え、学び、変わり続けながら。

2024年9月　肉乃小路ニクヨ

著者：肉乃小路《にくのこうじ》ニクヨ

経済愛好家、ニューレディー、コラムニスト。慶應義塾大学在学中より女装をスタート。大学卒業後は金融業界で10年以上勤務し、お金のプロとして様々な提案を行う。証券会社、銀行、保険会社などを渡り歩き、夜は新宿2丁目の夜の社交場で、人間観察力を磨いてきた。42歳で退職後はフリーランスとして、自分らしく生き、人生をバラ色にするために必要なお金との付き合い方をメディアで熱く発信する。著書に『確実にお金を増やして、自由な私を生きる！　元外資系金融エリートが語る価値あるお金の増やし方』（KADOKAWA）がある。ホリプロ所属。

YouTube　肉乃小路ニクヨ【Japanese Drag Queen】
X　@Nikuchang294
Instagram　@nikunokouji294

いま必要《ひつよう》なお金《かね》のお作法《さほう》
幸《しあわ》せを呼《よ》ぶ40のマネープラン

2024年10月18日　初版発行
2025年2月5日　再版発行

著者／肉乃小路《にくのこうじ》ニクヨ
発行者／山下 直久
発行／株式会社KADOKAWA
〒102-8177　東京都千代田区富士見2-13-3
電話　0570-002-301（ナビダイヤル）
印刷所／TOPPANクロレ株式会社
製本所／TOPPANクロレ株式会社

●お問い合わせ
https://www.kadokawa.co.jp/（「お問い合わせ」へお進みください）
※内容によっては、お答えできない場合があります。
※サポートは日本国内のみとさせていただきます。
※Japanese text only

定価はカバーに表示してあります。

ISBN 978-4-04-607213-9　C0033